非暴力管教

[德] 妮可拉·施密特　著

章冉　译

朝華出版社
BLOSSOM PRESS

GU

著作权合同登记号 图字：01-2021-0188

Published originally under the title Erziehen ohne Schimpfen © 2019 by
GRÄFE UND UNZER VERLAG GmbH, München
Chinese translation copyright © 2021 by Blossom Press
本书由德国集优出版社授权中国朝华出版社独家出版发行

图书在版编目（CIP）数据

非暴力管教 /（德）妮可拉·施密特著；章冉译
. — 北京：朝华出版社，2021.9（2022.5重印）
书名原文：Erziehen ohne Schimpfen
ISBN 978-7-5054-4784-4

Ⅰ.①非… Ⅱ.①妮… ②章… Ⅲ.①儿童教育－家
庭教育 Ⅳ.① G782

中国版本图书馆 CIP 数据核字（2021）第 048208 号

非暴力管教

作　　者	[德] 妮可拉·施密特
译　　者	章　冉
选题策划	袁　侠
责任编辑	王　丹
责任印制	陆竞赢　崔　航
装帧设计	FAWN WONDERLAND QQ:974364105

出版发行	朝华出版社		
社　　址	北京市西城区百万庄大街 24 号	邮政编码	100037
订购电话	（010）68996050　68996522		
传　　真	（010）88415258（发行部）		
联系版权	zhbq@cipg.org.cn		
网　　址	http://zhcb.cipg.org.cn		
印　　刷	文畅阁印刷有限公司		
经　　销	全国新华书店		
开　　本	710mm×1000mm　1/16	字　　数	156 千字
印　　张	14.5		
版　　次	2021 年 9 月第 1 版　2022 年 5 月第 3 次印刷		
装　　别	平		
书　　号	ISBN 978-7-5054-4784-4		
定　　价	59.80 元		

前言 / 从"心"出发的养育

用新的方法养育孩子

"不要暴躁，平静地数到十！"这个建议我们是不是听到过无数次了？你是否也曾想用这个方法来压制自己的怒火？又或者，你也曾懊恼这么做并没有用处？许多反对指责和惩罚孩子的书都把问题解决的重点放在父母要控制自己上。然而，这个方法的问题在于：如果我们能够控制自己的话，自然不会去挑剔、埋怨、指责，甚至是斥骂孩子，对吗？许多孩子的家长和我说，理论上，他们非常清楚该怎么做，但是在实践中，他们还是会失去控制。所以，在这本书中，我们要走一条新的道路。首先从这些问题出发：是什么使我们感到压力过大，失去了控制自己的能力？我们需要做些什么，才能够始终处于一个平衡的状态，在任何情况下都保持冷静，成为理想中的理智的父母？我们怎么做才能够贯彻规则，同时又不去羞辱或惩罚孩子？最重要的是，我们将会一起研究这些问题：如何更好地控制自己；如何使保持理智变得轻松自如，而不是让其成为一件需要强迫自己去做的事情。如果我们在抱怨、指责或者破口大骂之前，了解一下我们的大脑中正发生些什么，也许就可以把注意力集中在正确的事情上了。

指责是没有用的

不去指责孩子最重要也最简单的原因是这样做是毫无用处的。所有研究都表明，指责、斥骂，甚至惩罚孩子，都是行不通的。这些方式都不能阻止孩子做他们被禁止做的事情。所以如果我们想教会孩子遵守社会准则，就必须采取一些不同的做法。我在这本书里为家长们总结了该如何去做，我们如何能够达到这样一种状态——即使在暴跳如雷之时也能让自己想起最理想的处理方法。在这本书中，我们要学会像关怀我们的孩子一样来关怀自己。我们要学习的，不只是要"振作精神、控制自己"，否则，这本书也只是为"您做得还不够好"系列清单又添加了几个条目而已。不该是这样的！因为"你必须"这三个字带来的恐惧，对孩子来说是一种威胁，对我们家长来说同样也是有害的。它起的作用，就像我们想通过节食来减肥一样，竹篮打水徒劳无益。首先，我们希望能够对自己友善，然后用温柔与细心来实现我们的目标——用理解，用理智，用爱心，一步一个脚印。

明确规则：不要惩罚

在充斥着压力、惩罚和控制的教育环境中长大，是许多成年人儿时亲身经历过的。但可以证实的是，至少在德国，专制式教育造就了许多面对我们这个时代的挑战不堪重负的人。我们需要的人才是能够灵活思考、直面挑战，可以与他人平等合作，同时懂得关怀，重视团结和集体力量的人。不指责孩子的教育方式，可以改变世界。

在这本书中，我们会观察到，当我们陷入压力的深渊时会发生些什么，并学习如何从压力中走出来。我们可以练习走出压力——脚踏实地，一步一个脚印地缓慢前行，但要坚持下来。如果试图在一周之内就操练完所有方法，那我们可能很快就疲倦了。所以我建议：找出和你自己的想法不谋而合的观点，先从这些观点开始练习，其他练习都可以之后再跟进。

如果你还想知道为什么应该读这本书，那么我还有一个答案：因为它会使你的生活变得更加轻松。并且，你能够在这本书中找到一条和你自己，也是和你的孩子沟通的全新道路，这将会让你一生受益。

妮可拉·施密特

INHALT

目录

9."我可以做到！"

1

"那么——该怎么做?"

现在,我们在哪儿?

你是怎么看待自己的孩子(或者孙子、孙女)和他们的行为表现的?如果我们想改变某种事物,那么首先非常仔细地观察一下它目前的实际状态,会对我们的行动大有帮助。如果我们明确知道自己现在所处的位置,就可以更快地到达目的地。我们的测试将帮助你找到起点。

测试：我在哪儿？想往何处去？

请选择你在多大程度上同意以下描述。（在 0 至 10 之间选择，0 表示完全不同意，10 表示完全同意，所选数字之和即得分）

我们怎样看待自己的孩子？

（1）一般来说，孩子们希望通过家长的细心陪伴来学习社会规范。

⓪ ① ② ③ ④ ⑤ ⑥ ⑦ ⑧ ⑨ ⑩

（2）孩子们享有合法的权利，并且会逐渐学习建设性地行使自己的权利。

⓪ ① ② ③ ④ ⑤ ⑥ ⑦ ⑧ ⑨ ⑩

（3）孩子们有权发表自己的见解、受到成人的尊重，并且有权参与决策。

⓪ ① ② ③ ④ ⑤ ⑥ ⑦ ⑧ ⑨ ⑩

我们如何与孩子相处？

（4）我给孩子一种温暖、安全的感觉。

⓪ ① ② ③ ④ ⑤ ⑥ ⑦ ⑧ ⑨ ⑩

（5）我和孩子之间有相互信任的关系。

⓪ ① ② ③ ④ ⑤ ⑥ ⑦ ⑧ ⑨ ⑩

（6）即使在孩子调皮捣蛋、胡搅蛮缠的时候，我也能感受到对他们深深的爱。

⓪ ① ② ③ ④ ⑤ ⑥ ⑦ ⑧ ⑨ ⑩

（7）当我为孩子感到骄傲时，会向他们表达出来。

⓪ ① ② ③ ④ ⑤ ⑥ ⑦ ⑧ ⑨ ⑩

评 分

0—21分： 买这本书对你来说真是个大胆的想法！你目前与孩子的相处经验和养成的教育风格可能带来的更多是亲子关系上的敌对状态，同时自己也没有受益。从这本书中你会得到许多收获！

22—49分： 是的，为人父母有时会很艰难，但是你做得很好，对孩子充满尊重并且教会他们在生活中变得坚强是一条非常正确的道路。请更加相信自己和孩子吧！

50—70 分：你认为，"人之初，性本善"，孩子本身就是好孩子，但是当你要求他们把自己的东西收拾好时，他们为什么不去做呢？你给了孩子朋友般的陪伴，但是如何找到让大家都满意的解决冲突的方法呢？在这本书中，我们将一起探索。

我们具备怎样的领导风格？

（1）为了贯彻规则和执行禁令，有时大声说话是必需的。

⓪ ① ② ③ ④ ⑤ ⑥ ⑦ ⑧ ⑨ ⑩

（2）孩子不准质疑父母的决定。

⓪ ① ② ③ ④ ⑤ ⑥ ⑦ ⑧ ⑨ ⑩

（3）制定规则，并将其作为白纸黑字的铁律——没有商量的余地。

⓪ ① ② ③ ④ ⑤ ⑥ ⑦ ⑧ ⑨ ⑩

（4）父母不应该纵容自己的孩子、让他们放任自由。

⓪ ① ② ③ ④ ⑤ ⑥ ⑦ ⑧ ⑨ ⑩

（5）当孩子不听话时，惩罚是正确的手段。

⓪ ① ② ③ ④ ⑤ ⑥ ⑦ ⑧ ⑨ ⑩

（6）我试图培养孩子的独立精神。

⓪ ① ② ③ ④ ⑤ ⑥ ⑦ ⑧ ⑨ ⑩

（7）孩子应该承担与自己年龄相符的责任。

⓪ ① ② ③ ④ ⑤ ⑥ ⑦ ⑧ ⑨ ⑩

（8）决定应该由父母来做，不是孩子。

⓪ ① ② ③ ④ ⑤ ⑥ ⑦ ⑧ ⑨ ⑩

评分

0—24 分：你的领导风格是看重孩子的权利，但是很少赋予他们责任。孩子们想要学习社会规范并有所作为，给他们个机会！

25—55 分：你的领导风格是明确有力，平等地看待每个人的权利和责任。在这本书中，你可以找到更多完善育儿方法的建议。

56—80 分：控制和专制型的领导风格也许能为你提供一种安全感，但这是一种具有欺骗性的安全感。其实有很多有效的方法，能够在教育过程中让亲子关系中的双方都感觉良好。继续往下读吧！

我们与家人相处得如何？

（1）最近，我在很大程度上控制住了自己的负面情绪。

⓪ ① ② ③ ④ ⑤ ⑥ ⑦ ⑧ ⑨ ⑩

（2）我对自己的家庭氛围很满意。

⓪ ① ② ③ ④ ⑤ ⑥ ⑦ ⑧ ⑨ ⑩

（3）我很擅长用和平的方式解决家庭矛盾。

⓪ ① ② ③ ④ ⑤ ⑥ ⑦ ⑧ ⑨ ⑩

评分

0—12 分：想一想，你是否给自己太大压力了。也许稍微松一口气，放松一下，是个改善家庭氛围的好主意，在这儿你能找到些新思路。

13—24 分：所有家长都会偶尔有这种感觉，情况原本可以挺好的，但这不过是最常见的幻想罢了。请你在看完本书后再翻回此页，重新问自己一遍这些问题。

25—30 分：哇，非常荣幸你愿意通过本书继续改善和家人的关系，尽管你们相处得已经非常融洽了。

现状分析

这个测试的目的，是我们要为自己思维的走向找到一个北极星般的坐标，来引导我们前行。如果我们不准确告诉自己的大脑我们想要沿着哪条路前行，那么很可能我们最终抵达的位置不是我们想去的终点。因此，我们要在这里简短地记录一下现在的亲子关系是怎样的，以及它应该成为的样子。在你阅读本书的过程中，可以经常翻回本页，问一问自己：

» 你为什么会买这本书？是什么事情激发了你买这本书的想法？

» 有哪些关于孩子的问题在困扰你？

» 你觉得作为父母，或者祖父母，你最大的优势是什么？

» 如果有人在悄悄地观察你如何在日常生活中教育子女，你觉得他会在哪些方面赞赏你？哪些事情是你真正擅长的？

» 你的孩子是怎么看待你的？他们会从你身上看到哪些积极的品质呢？

如果你有多个孩子，那请针对每个孩子的情况来回答这些问题，并列举一些日常生活中发生的例子。可能你的回答会是：我的孩子认为我是一个温柔慈爱的妈妈，因为我总是在孩子放学回家时给他一个大大的拥抱，把他紧紧地抱在怀中。

展望

你想怎样陪伴孩子成长？为了使家庭气氛和谐，大家其乐融融，你想成为的那个最好的自己是什么样的？在脑海中展望一下你想成为的样子，想一想那种感觉，想一想那时日常生活的画面，想一想那时你和孩子会有什么样的感受。

万物之始，大道至简，衍化至繁。

——老子《道德经》①

————————

① 本句话德语原文标注出自《庄子》，经查找，《庄子》德译版中没有符合此句的出处，故疑为原文作者引用疏漏。翻译时引用老子《道德经》中这句话，和文中的德语引用意思大致相符。——译者注

"够了！"

作为父母，我们为什么会发火？

在孩子毫无防备的时候，我们会突然朝他们发火，甚至是在和他们开开心心逛超市的时候，我们也会大煞风景地唠叨、训斥，或瞬间与孩子激烈争吵起来。原本相安无事的气氛被破坏殆尽，仅仅就因为我们不想再买一盒巧克力饼干。

吃早餐时，杯子被碰倒了

为什么我们会这么容易对孩子发火？作为理性的成年人，我们对客户或是同事会有无限的耐心，任何时候都和颜悦色，怎么面对懵懂幼稚的孩子或是心爱的伴侣，就会瞬间被激怒呢？一个三岁稚童是如何能用两句淘气的话，就把一位成年的"智慧生物"从惬意的购物模式切换成狂躁的危险模式呢？为什么我们控制不住自己发火？谁都知道，我们会在生气时或压力下说出一些日后想起来会后悔的话，做出一些至今想起来就后悔的事。甚至在我们冷静下来时，会觉得当时自己说的那些话要是让旁人听到了，真的会让自己无地自容。

我们得承认，发火对于解决问题是无济于事的。在训斥孩子之后，我们得扪心自问，这次发火真的有必要吗？一定得大声斥责，让所有人都听到吗？除了让孩子号啕大哭外，发火还能起到什么作用？

也许你会觉得难以置信：面对同样的状况，隔天早上我们说不定会表现得格外轻松，不会因为一盒巧克力饼干就大动肝火。为什么会有这么大的反差？恐怕只有脑科学专家才能解释明白。

大脑的探索之旅

让我们开始探索人类大脑的旅程。先从一个平静祥和的场景出发吧：星期天的早晨，我们坐在桌边吃早餐，每个人都睡饱了，悠闲自在。孩子坐在我们旁边，准备往面包上抹巧克力酱。他伸手去够巧克力酱瓶子，却不小心碰倒了面前的玻璃杯。我们的视线捕捉到了这个瞬间，看到杯子倒在桌子上的整个过程。在我们做出反应之前，大脑必须处理完一个非常复杂的程序。

首先，眼睛将我们看到的这场"事故"信息传输到大脑后部的感觉中枢系统。它负责处理图像，并将信息传输到我们人类主要的思维中心"前额叶皮质"那里去。为了简单起见，就把它叫作我们的"大脑"吧。它负责决策我们的行为。

接下来，我们的感觉系统在接收到信息后会"问"："我获取了一个正在下落的玻璃杯的运动图像。该如何评价？如何应对？"大脑分析信息并且确定，杯子是空的，且没有摔碎，孩子也没有因此受伤，所以它判定这种情况为"不危险"。这个判定会接着被送到脑部不同的控制中心以及运动系统。现在我们可以放松地将一只胳膊伸到前方，把杯子扶正，并且可能会温柔地安抚孩子："你是不是饿了呀？小心一点。"这是脑部正常的信息传输。我们看到图像，对其进行评估并做出反应。问题解决的重点在于分析和评估。

在日常生活中，我们不是靠本能或冲动去应激，

而是通过快速的思考，

选择明智的举动。

关于混乱的同事和掉落的树枝

这种脑部机制的优势是显而易见的：我们异常强大、聪明的大脑会在生活的方方面面都陪同我们一起做决定——无论是在周日家中的餐桌旁还是在工作日的办公桌旁。即使有时我们感到自己有想和同事好好理论一番的冲动，也能最终把这种冲动按捺下来。因为我们知道，比起冲动的理论，同事会更易于接受友善的提醒。也许之后我们会对着朋友发牢骚："我当时真的特别想直截了当地告诉他，他的工作做得糟透了。"但是我们却不会这么做。相反，我们会等待一个有利的时机，在大家都心平气和的时候好好谈谈，委婉地提些建议，比如为了更好地进行工作准备，我们可以早一些制订计划、约定时间。

不幸的是，这个机制也有一个缺点：它的运转速度比较慢。当我们在林中散步，听到头顶上树枝折断的声音时，我们根本没有时间对来自感官系统的信息（我们头顶上树枝断裂的声音）进行分析和评估：情况是否危险？树枝在哪儿？它有多粗？值得我费力跳到路的另一边吗？过去几千年中，在遇到这种情况时把所有这些问题都想过一遍的人，怕是很难幸存下来。机智的做法是，不要多想，快速地直接跳到旁边。

所以我们的大脑在应对危急时刻时，会本能地走一条合理的捷径。但是现在，这条捷径却是致命的。当我们听到或看到某些危险的事情时，我们的大脑会绕过思维中心"前额叶皮质"，因为走这条经过大脑的路线实在太花时间了。为了让我们能迅速做出反应，感官系统会直接给运动系统发送消息：立刻往旁边跳。这种反应叫作战斗或逃跑反应，也就是常说的应激反应的一种。

自然之母只是出于好意赋予我们这种应激反应，但是，问题也来了：在压力下我们会莫名其妙、毫无章法地处理问题，就像俗语说的那样，我们"没带脑子"，因为大脑不参与决策了，突然掌控我们行为的，是其他的东西。

当"杏仁核"掌舵时

所以，当我们陷入焦虑之中，聪明的智商不再占领高地时，又是谁在掌舵呢？

应激反应主要是由一个被称为"杏仁核"的脑部区域引起的。一旦感觉系统报告有危险，这个区域就会像"着火"一样。杏仁核完全独立于大脑，恪尽职守地完成一系列非常有意义的工作：

» 它会激活我们的"交感神经系统"，即我们的压力和应激系统。

» 它会加快我们的心跳，心脏会剧烈跳动，为我们的肌肉提供逃跑或者战斗所需要的足够氧气。

　　» 它会使我们的呼吸更浅、更快，就像我们在短跑中那样呼吸。

　　» 它会让我们血压升高，让氧气和受伤时产生的凝血因子迅速就位。

　　» 它会刺激我们的肾上腺皮质，其分泌的人体激素（肾上腺素、去甲肾上腺素、皮质醇）会让我们立刻清醒，即便是刚才我们还在半梦半醒地散着步。

　　» 它会限制免疫系统和消化系统的活动，只有这样，这两项艰巨的任务才不会在紧急状态下消耗身体的任何能量。

　　» 它会暂停海马体的记忆缓存，这就是为什么我们常常在吵完架后忘记到底吵了些什么。

　　» 它会降低我们的共情能力。毕竟为了生存下来我们会把棍子直接击向猛兽的头部，而不会首先去考虑这样做它是不是会疼，或者它是否刚刚生了几只可爱的幼崽。

　　» 它会抑制幸福激素的产生，因为现在最要紧的事情是战斗或逃跑，而不是幸福地感受良辰美景。

　　"杏仁核"的反应极其迅速，在大脑收到紧急信号的几分之一秒内，它就会做出反应。相应地，激素水平也会立刻升高，我们会有一种"肾上腺素涌入"的感觉。但是这个反应也会很快结束：如果没有后续的刺激，"杏仁核"大概在十秒后就会停止"燃烧"，激素水平大概需要十分钟就会恢复正常。在听到树枝断裂的声音时，如果我们及时跳开，躲避了危险，那么几秒钟后我们的大脑就平静下来了，大概十分钟后，身体就会重新回到"普通模式"。

我们都有过这种体验：夜里，当我们在走廊里瞥见一个影子时，会短暂地受到惊吓，然后我们发现，原来只是孩子去上厕所罢了。于是，我们会立刻放松下来，然后亲吻孩子，说晚安。但是，当我们处于持续性压力中时，那么很有可能会斥责孩了。因为我们的大脑结构给了这种表现充分的理由。

为什么我们在压力中难以育儿

从我们人类的本源来说，拥有应激系统是一件好事。学者说，我们的祖先在他们生命的大部分时间里都是在"副交感神经模式"下度过的，即处于一种放松的清醒状态。在这种状态里，所有的信息都会被大脑不紧不慢地检查。他们只有在短暂的危险时刻才会切换到"交感神经紧张状态"，也就是启动了身体的应激系统，并用其带来的能量去战斗、逃跑或捕猎。在这种情况下产生的压力激素会在战斗、逃跑或者捕猎的过程中，或者不久之后就被消耗掉。现在，我们在一些状态下仍会有这样的体验，比如，一阵小跑去赶一辆公交车，这些运动会非常迅速且有效地消耗压力激素。这套系统最初就是为了这样的情况"设计"的。

最正常不过的疯狂

如今，有许多人处在持续性压力状态之中。设想一种情景：你现在特别着急，因为幼儿园就要关门了，但你被堵在路上。你可能不自觉地开始担心，自己的孩子是不是最后被接走的那个，幼儿园老师会不会在拉长了脸等着你。在这种情况下，你很有可能会感觉到压力。然后你的身体就会开始进行一整套的应激反应，包括心跳加快、激素水平上升、消化运动减缓，以及前额叶皮质失活。在这种状态下，你很有可能会大声咒骂别的汽车，忽视旁边的自行车，发生剐蹭的概率也会大大增加，甚至，你还会把车开错了车道。造成这些情况的原因就是，在应激反应下，我们的大脑不能良好地正常运转了。

紧赶慢赶，我们终于到了幼儿园，但是压力却没有得到缓解。因为我们只是坐在车里，没有进行任何运动。如果现在孩子哭闹，或者他在后座上不小心把自己的饭盒打翻了，那么极有可能，我们会表现得格外紧张，并会做出我们平常不会做的事情，说出正常状态下不会说的话。因为我们依然处于生理上的应激反应之中，不能很清楚地思考问题。如果我们没有通过运动来加速压力激素的消耗，那么这种压力状态就得持续一段时间才会被缓解。"屋漏偏逢连夜雨"，如果这时又出现了一个新的压力刺激（比如忘记带孩子游泳课需要的泳衣了，得赶紧回去取，时间快来不及了），那么，我们就会突然陷入持续性压力之中。

持续性压力和它的后果

在一些日子里，应激系统会持续不断地往复循环。从早上开始，不会自己穿衣服的孩子给我们带来压力，工作时难缠的同事让我们觉得有压力，接孩子时路上堵车让我们继续感到压力，然后送哭哭啼啼的孩子去上游泳课更是让压力倍增，回家的路上又遇到了晚高峰大堵车，在超市里还要面对饥肠辘辘的孩子，我们又是眉头一皱，接着我们又着急赶着回家做晚餐，和奶奶打电话，辅导孩子写作业或者不得不开始收拾房间……这一切都在持续点亮我们的压力红灯。

当安顿好孩子睡觉时，我们的"杏仁核"已经持续"燃烧"了几小时，心脏也一直在狂跳。我们感到心力交瘁、筋疲力尽，尽管终于躺在沙发上了，也很难关掉压力开关，放松下来。

因为我们的大脑不是为这种持续性压力设计的。我们开始神经紧张，草木皆兵，很难清晰地思考问题。我们不知道如何从这种状态里走出来，我们不断感到精力被消耗殆尽，却不知道如何停止这样的循环。

有时情况甚至会变得更加糟糕：持续性压力会产生更多压力。时间长了，我们脑部的一些区域会因为这样的超负荷运转彻底崩溃——我们就像是一台在"红色转速"范围内不停行驶的发动机。

持续性压力损伤了我们的大脑，随之伤害了我们与自己、与伴侣，以及与孩子的关系。你可能会对下列一些压力导致的想法感到熟悉：

"我感觉无法思考。"——我们承受的持续性压力越多，前额叶皮质，也就是我们的大脑被关闭的次数就越多。它被迫处于一种"失活"状态中。我们会觉得分析、思考，甚至是做计划都变得越来越困难。

"我无法平静下来。"——在持续性压力中，我们的系统随时有可能被刺激到，即便是晚上我们也无法放松下来，应激反应仍在继续。

"这孩子是不可能被教育好了！"——我们的大脑程序仍处于应对危

险的状态。所以比起没有参与到日常生活中的旁观者，我们对孩子的看法会更加负面，并且会忽视掉许多孩子值得被表扬的行为和闪光的瞬间。

"日子该怎么继续下去啊！"——因为刺激过量，"杏仁核"会过度活跃，并且在每个场合都会"跳出来"主宰我们的情绪。我们会越来越多地出于愤怒和恐惧进行判断，并且越来越难以设想一个美好的未来。

"该死的车钥匙在哪儿？"——压力抑制了思绪和记忆的暂时存储，即我们的短时记忆。这会导致我们处于压力中时，常常想不起电话号码，忘记了医院的预约时间，或者找不到车钥匙。而这些状况，又会引起更多的压力。

"你现在别这么做！"——在持续性压力中我们的共情系统始终处于没有被激活的状态。我们会觉得更难以理解和同情自己的孩子，或者难以设身处地地从孩子的角度思考问题。我们会提出很多超出他们能力范围的要求。

"事情只能如此，我们改变不了什么。"—— 前额叶皮质长期缺少激活只会导致我们更难去设立目标、制订计划和产生积极的情绪。所以我们时常会有手足无措、没有出路的感觉。如果持续性压力长期存在，我们的身体就会出现问题。我们会越来越难以停止应激反应。在最糟糕的情况下，可能会对激素系统造成永久性的损伤，并最终导致崩溃和抑郁。

压力和孩子的教育

远在我们看到这些影响之前，压力就阻断了健康教育的可能。科学家可以证明，受到压力困扰的父母会明显表现出负面的教育方式。在一些关键时刻，我们没能像本来可以的那样，有效率地行事。那么在日常生活中，当父母不断感受到压力时，会发生什么反应呢？科学家做了非常详细的调查来探究我们对孩子的态度在大脑所有效应的影响下，最终会使他们产生什么样的变化。孩子会不会变得更稳重、更强大、更抗压？他们会不会因为我们要求得多就变得更听话、更乖巧？很不幸，答案是否定的。

　　长期处于压力下的父母会由于他们的行为态度，明显增加孩子出现行为规范障碍的风险。不同于一些主流观点，在压力下绝不可能培养出更好的孩子。

压力中的父母提出

孩子们完成不了的要求——

不是因为他们不想完成，

而是因为他们只是孩子。

　　我们都知道这样的例子：我们希望六个月大的宝宝能一觉睡到天亮，两岁的宝宝可以自己穿上鞋子，三岁的孩子能够做到不要总和姐姐吵架，五岁的小朋友乖乖地等饭做好，再大一些的小孩听话地自觉完成作业。除此之外，我们还认为孩子应该在要出门时快速穿戴好，在我们回邮件时保持安静，在吃饭以前不要偷吃零食，在家里来客人时表现得无可指摘。

　　所有这些要求又在给孩子施加压力，然后他们开始表现得"有问题"。

他们哭闹、喊叫、争吵，或者犯错误。他们会忘记事情，或者变得沉默不语，进入第三种模式——"冻结模式"，虽然在这个模式中孩子会安安静静的，但在他们小小的身体里应激反应还在悄无声息地继续。

当我们允许自己长期处于压力之中时，

就像给自己的大脑打上烙印一样，

会给孩子小小的脑袋带来同样的影响。

曾祖父母和我们的压力

但有时即使我们刻意去排解，也难以很快从压力中走出来。你是否也曾想过这个问题：为什么有些家长可以比别的家长更快地缓解紧张和压力情绪？当然，对这个问题有各种各样的解释，比如说生活环境、日常负担或孩子的性格等各种因素，都会对家长的压力产生影响。但是从研究中我们得知，大概会有 30% 的人，即便是在最不利的环境下，也不会表现出有害的应激反应。因此，在我们为自己发火感到愧疚之前，应该想一想这三个影响因素：

（1）**早期烙印**：应激系统会在每个人生命的最初几年设定好该在日后的生命历程中如何反应。本来这是一个精良的系统：如果我们的祖先从小在一片猛兽很多的地区长大，那么他会比一个在威胁者很少的地区长大的人更加机警，反应更加迅速，这对他的生存来说是有利的。

如今，虽然我们生活在一个非常安全的世界中，但在婴儿时期经历过情感缺失，或者在非常严格的教育环境中长大的人，会拥有一个明显更活跃的应激系统。当我们的应激系统从童年时就被"危险"刺激的话，那么无论我们愿意与否，都会更加容易感受到压力。

（2）遗传：应激系统也和我们的家庭有关。白鼠实验的结果表明，应激系统是会遗传的。当母鼠被置于巨大的压力下时，它的幼崽们也会对刺激有强烈的反应，即使它们自己并没有身处强烈的刺激环境中。对我们来说也是如此，如果我们的父母或者祖父母曾经历过巨大压力的话（比如说战争、饥饿、逃亡或是流离失所），那可以预测到，我们自己也会对外界刺激反应强烈。

（3）责任：虽然压力系统是预先设定的，但幸运的是，如何与它相处掌握在我们自己手里。通过冥想、身体认知和正念练习，我们可以巧妙摆脱遗传的影响，更好地掌控我们天生容易被快速激活的"杏仁核"。

总结

» 压力本身是应对危险情况的健康反应。但不幸的是，在如今快节奏的生活状态里，我们的大脑不断在各处感受到危险，让我们处于持续性压力中。

» 在持续性压力中，教育孩子会变得困难，因为活跃的"杏仁核"阻断了重要的教育能力：同情心、耐心、计划性、专注力和忍耐力。

» 在持续性压力中，我们会变得越来越难以平静——这就造成了一个恶性循环。

» 如何应对压力，并不受我们自己的控制。我们的大脑受制于一种特定的应激反应，这一部分是由我们的祖先决定的，另一部分是由我们自己的童年经历决定的。

» 通过简单的日常练习，我们可以明显提高抗压能力。

3

"我？不！"

为什么指责孩子

常常让我们自己感到难过

孩子在学校打架，宝宝在超市胡闹，兄妹俩拉扯着彼此的头发吵得不可开交……有时，孩子的行为让我们不知所措，这时我们会想：马上给他们一个"适当"的训诫是必需的。但是训斥完孩子之后，我们往往会感觉更加糟糕。

指责可能是危险的

指责这种方法有个明显的优点：见效很快。只要我们骂得足够狠，很快就能重获安宁，我们也就达到了目的。但不幸的是，它也有许多缺点。

第一个明显的缺点就是：指责只会给我们带来短暂的轻松。争执和负面行为不会通过指责就消失，这样的教育方式只会更多地导致孩子因为惧怕惩罚而撒谎。我们教会了他们，大人可以惩罚小孩，强者可以谴责弱者，由此来建立强者的权威。如果我们很大声、很激烈地用具有伤害性的话来指责孩子，那么达到的效果和体罚别无二致——带来的只有负面效果。

我们没有必要去阅读有关"严厉口头惩罚的影响"的学术文章，也会有意识或无意识地发觉，在一通指责、说教之后自我感觉很糟糕。我们大吼大叫的时候，自己也会感觉不自在；看到孩子绝望地哭泣时，我们也会感到惭愧。有些父母觉得，在旁边有人看着的时候训斥孩子特别尴尬，所以他们会在旁人在场时尽量控制自己；有些父母则相反，只会在有别人看着的时候才变得格外严厉，因为他们不想让别人觉得自己没能力教育孩子。

健康的感觉

无论我们倾向于在独自和孩子相处时，还是在有他人在场时指责孩子，都会有这种感受：这是不对的。那为什么我们还是会这么做，并且在指责完孩子之后自我感觉糟糕？我们的感觉是对的，也是需要被认真对待的，知道这一点很重要。"我为自己刚才做的事情感到难堪"是一种非常健康的感觉。这表明我们知道，无论孩子几岁，这样训斥指责都是不对的，因为他是一个被保护的对象，一个比我们弱小的人。如果我们现在鼓起勇气，找一找责骂孩子的冲动是从哪儿产生的，那么我们就能够选择一个新的方式去解决问题。首先我们必须要了解，在指责孩子时，究竟发生了什么。

> 每个人都可以学习，
>
> 聪明地运用"这让我难堪"的感觉——
>
> 因为这是一个重要的指示牌。

我们要制定规则

首先让我们来看看，当孩子"行为不端"而我们"不得不责骂"他们时，都会发生什么。首先，孩子"行为不端"到底是什么意思？通常来说，是他们做了一些被家庭成员，或者是被我们所处的社会团体认为是不对的事情。用社会学家的话来说："他们表现出社会所不能接受的行为举止。"

我们作为家长必须明白的第一件事情就是，什么事情是被社会所接受的，这会因为不同的国家、文化，甚至不同的住宅区或家庭而完全不同。我们时常可以注意到孩子们抱怨"别人都可以！"（就像"你的朋友"乐队[①]在他们的儿童歌曲《别人都可以》中唱的那样，真实展示了孩子内心深处的想法）。

我们的行为不仅要符合国家的法律，也要和我们文化的、阶级的甚至是家庭的规则相符。全世界的基本规则大都相同，比如，不该杀人，不该偷窃，不该说谎，要尊重长辈。

如何说出我们的期待

除此之外，还有许许多多的规则。比如，不应该偷吃掉最后一块饼干；吃饭时应该正确使用餐具；在超市里不应该玩你追我赶的游戏，不应该对店员说"嘿，哥们儿"。

在哪里适用哪些规则，会因为文化的不同而差别巨大。有些家长认为，在吃晚餐时大声说话是不可接受的，有些父母则会在餐桌上谈笑风生，音量大到隔壁邻居都听得见。

我们不要妄想，我们对孩子的期待可以不言自明。我们也不能妄想，

---

　　① "你的朋友"（Deine Freunde）是一支德国乐队，创作演奏儿童歌曲。他们在歌曲《别人都可以》中唱道："所以我待在家，所以我一个人，别人都可以出去玩，就我必须早回家。"——译者注

孩子自己可以知道怎样的行为方式是对的，我们必须向他们解释。在这里，积极的沟通有利于解决问题。我们不应该命令孩子"别洒得到处都是！"，而应该明确地说出我们的期待："请你把食物放在盘子里吃，这样酱汁就不会滴落在裤子上了。"

练 习

哪些规则对我们适用？

请记录一下，哪些规则对你的家庭来说是重要的；哪些规则是说过的，哪些是没说过的；哪些规则是我们可以和孩子商量讨论的，哪些规则是不容分说必须执行的。

在家平静，在外受压？

下一步我们来看看，当孩子"行为不端"，或者当他们失控、违反规定时，会发生什么。对此我们会有何种反应，通常取决于很多因素：

» 孩子是在家表现糟糕的次数更多，还是在公众场合次数更多？

» 他们的行为是危险的，还是仅仅让人觉得不愉快？

» 孩子多大了？

» 我们自己的状态如何？我们是放松的还是感到紧张、有压力的？

当周末的早上孩子在家把睡衣扔来扔去的时候，我们也许只会觉得滑稽。但是当他们在工作日晚上十点多还这么做，而且碰巧我们还有难解决的工作要做时，那么我们很有可能会突然爆发。

比较晚的时间，以及虽然我们已经很累了，但是还有工作要做的感觉，都助长了我们情绪的爆发。毕竟我们的精神承受能力并不总是一样的。

通常在下午或者晚上大家都感到疲倦的时候，家庭内部的争吵会恶化。并且，时间压力也会加剧我们斥责孩子的倾向。在清闲的时候，也许我们很乐意静静地等孩子吃完饭，但是在早晨必须赶校车的时候，我们早就开始抱怨催促他们了。在压力下我们会缺少同理心、理解力，也难以放松下来，所以比起帮助，我们会更倾向于指责孩子。

当孩子失控并且我们处于一个不那么通情达理的状态中时，情况会变得格外糟糕。

我们感到羞愧

除了压力之外，导致我们指责、咒骂，甚至体罚孩子的另外一个最主要动机是羞愧——我们感到抬不起头来。当孩子行为不端时，我们会感到羞愧，并且可能用不同的方式责怪自己。我们经常会因为孩子不听话感到羞愧。比如，因为孩子失控，在超市里被别的顾客生气地瞪了一眼，或是在大街上被路人说了句恶意的话，我们会觉得是自己没有教育好孩子，我们管控不住孩子，这样可以吗？

或者，我们会因为自己不能正常工作而感到自责。我们感到紧张、压力重重，并且觉得自己不能再继续持有这种状态了。如果我们因此对孩子不耐烦，那就会感觉更差，并且会更加烦躁。

一般来说，羞愧是一个无意识的过程，但会给我们自己以及我们的孩子带来巨大压力。现在我们仔细研究一下羞愧是如何产生的，以及我们如何在它造成损害之前，聪明地利用它带来的影响。

"你应该感到羞愧！"

你知道吗，无论一个人在哪个大洲生活，无论他来自何种文化，都会感受到羞愧这种情绪。但是，让我们感到羞愧的原因却是完全不同的。

在我的文化中，如果有人穿着内裤突然出现在步行街上，可能会羞愧得想要把头埋到地下。而同时，我们绝不会因为谈论自己在工作时的成就而感到羞愧。但是在另外一些文化中，也许情况是完全相反的，在人前自夸或者炫耀自己的成就是被严厉禁止的，相反，赤身裸体在这种文化中则可能完全不是问题。

羞愧是重要的心理机制

羞愧感是与生俱来的。我们为什么感到羞愧，是一个有关文化、个人经历和教养的问题。羞愧感本身不是一件坏事。它在我们的生活中扮演着警报器般的角色。它是尊严和社会规则的守护者：如果我们有羞愧感，那么，要么是我们的尊严受到了践踏，要么就是我们自己违反了团体的规则。

我们的团体这样联结在一起

羞愧或者内疚都是重要的心理机制。数千年来，它们作为黏合剂，把团体联结在一起。我们人类从远古时起就以团体的形式和紧密合作的方式生活在一起。

紧密的合作方式，即比如说，在一个团体中，如果有人找到吃的，他不会立刻就把东西吃掉，而是会带到团体中，与其他人分享。甚至在团体中会有明确的规则，大家必须遵守这些规则来保证团体的生存。为了确保这些规则被遵守，我们需要有一个强大的"操纵杆"来抑制我们的冲动（比如，立刻吃掉食物的冲动），并让我们遵守规则（把食物带到团体中）。

如果有人长期违反团体规则，那么所有成员都会被置于危险之中。因此，团体需要一种强大的社会机制，来把违反规则的人，比如说那些吃独食的人，带到正确的轨道上来。

谦卑的猎人

举个例子：科伊桑人是一个来自非洲博茨瓦纳的民族，在他们的部落中，猎人对食物供给的贡献是最大的。

但是狩猎成果往往非常不稳定。所以，如果有人运气很好打到了猎物，部落的其他人会对他的成就表现得若无其事，目的是让成功的猎人不要因此变得傲慢。因为傲慢会给部落带来矛盾，也会让别的猎人失去斗志。从长远来看，猎人失去斗志对于整个部落来说是不利的，包括对那个吹嘘自己战果的猎人。因为在他自己没有收获的时候，也会有无法从别人那里得到食物的危险。

所以对于科伊桑人来说，猎人不要吹嘘自己的狩猎成果是一条文化准则。就算他回到家里骄傲地展示自己今天捕获了多大一头猎物，也不会获得任何称赞。相反，他会被全部族人针对、嘲笑和羞辱。部落在用一种含蓄的方式威胁他，如果他不停止自吹自擂，就会被赶出村庄。

数千年来，这种威胁都是一种极为有效的手段，因为长久的社交隔离会在狩猎与采集的生存环境下导致实实在在的死亡。

关于错误的感觉

自古以来，羞耻和惭愧就是团体贯彻关乎生存的重要规则以及凝聚团体关系非常有效的方法。谁认同这个准则，谁就可以得到团体的保护。

"难堪"究竟是什么意思？

即便在今天，那些我们用来描述羞耻感的语言，依然展现了它的根源：

» 我们觉得很难堪——我们正在失去别人的重视。

» 我们觉得丢了面子——我们正在失去威望，失去在团体中的地位。

» 我们恨不得钻到地底下——在别人面前隐身。

» 我们感觉丢人丢到骨子里了。

» 我们感到如同裤子被扒掉了——隐喻我们感受到赤身裸体般的窘迫。

» 我们感觉在大家面前出尽洋相。

感到羞耻时，我们的身体会做出相应的反应：脸颊上会泛出羞赧的红晕，耳朵也会变红，手心或者身体某些部位会冒汗，心跳加速，有些人会开始口吃，用笑声去缓解尴尬，或者试图逃离现场。

羞耻是怎样的感觉？

当我们追问羞耻到底是怎样一种感觉，大多数人会这么描述：

你有一种"赤裸"的感觉。你感觉自己被暴露或者裸露在众人面前。这也与你的内在状态相对应：因为赤裸地站在大家面前，弱点暴露无遗，所以感到非常脆弱。

你感到正在失去对自己的掌控能力。这也符合最原始的情形——没有团体保护的我们无法控制自己的人生，因为独自一人不可能生存下来。

你会表现出强烈的应激反应（逃跑、战斗或者僵化）。从这里我们可以看出，羞耻是一种多么原始的情感——我们会像在真正的紧急情况下那样做出反应，如同我们正在被一头猛兽威胁似的。

现代性死亡恐惧

根据性格的不同，人们在面对巨大压力时会表现出攻击性或麻木等不同的反应。一些人试图从这种情形中逃跑，一些人想要找个替罪羊，另一些人则一个字都说不出口。羞耻以其最原始的形式向我们传达对死亡的恐惧，通常，我们也会表现得像应对死亡一样。

最原始的羞耻感是孤独感和无力感。

我们会不惜一切代价，

努力去避免。

在最原始的时候，这套机制就是这样运作的：羞耻感把我们逼到可忍受的极限。如果不想惹出什么真正的麻烦，它就是一个我们必须要改变航线的信号。这种强烈的感觉使我们立刻反思自己的行为，我们会感到后悔，并表现出来。

重回秩序

羞耻感只有一个目的：我们应该尽快重新遵守这些对团体生存至关重要的规则。我们可以从研究中发现，无论在何种文化里，只有人们更多地分享，更加团结，他们的生活才会变得更好。所以，羞愧感帮助我们克服了利己主义，以便我们能够在团体的保护中生存。在下次狩猎成果颇丰的时候，我们最好保持谦虚，只是客观地陈述事实，而不是夸耀捕获了什么，并且省去一些天花乱坠的修辞。当我们做采集的任务时，不要在回家的路上把最好的梅子吃了，而是为了大家的利益把我们收集到的"珍宝"贡献给团体。

这样我们就吸取了教训，并且能继续在团体的保护下生存。

我们抱怨，同时感觉糟糕

那么，在孩子"行为不端"时，到底会发生些什么？为什么我们会说"为你感到羞耻"？是不是因为我们也为自己的反应感到羞耻？让我们来看看最经典的超市情景：

现在是下午五点半，我们正在超市采购晚饭的食材，这时孩子突然失控了，因为他仍旧想要之前看到的那个毛绒玩具，并且是现在就要。他怎么也不肯安静下来，我们试图把孩子轻轻地拉往收银台的方向，但是他却扑倒在超市地板上尖叫，胡闹起来。一位老太太从旁边经过，并且评价道："现在的父母呀，就是管不好孩子！"接着，一位超市员工投来不耐烦的目光（她的一天也很漫长），然后我们就羞愧得双颊泛起了红晕。

因为羞耻感引发了我们身体内强烈的应激反应，所以每个人都想要尽快摆脱这种压力。

一种情景，四种反应

傍晚五点半在许多情况下都意味着，我们已经度过了漫长的一天。我们的系统机能已经不处于轻松的"绿色区域"了，孩子的哭闹会让我们压力倍增。

这些压力会因为我们性格或心情的差异引发不同的内心对话：

反应 1： "哎呀，这个小可怜，可能是现在太晚了，他真的感觉累了。"

反应 2： "太尴尬了，别人会怎么看我？得赶快离开这里！"

反应 3： "这孩子怎么能这样让我丢脸呢？他真应该感到羞耻！"

反应 4： "大家肯定都觉得我管不好自己的孩子，这次必须好好教育教育他。"

反应 1—— 共情反应： 我们从孩子本不想惹恼我们的角度出发，去感受他们的感受。如果孩子失去控制，可能只是因为这一天过得太累了，他现在无法配合我们。同理心是通向共同调节成功的第一步：我们理解孩子，不给他更多的压力，安抚他并将他安全地带回家。下次我们会记住，最好中午就去采购，或者接受得给孩子买玩具这个事实。

反应 2—— 逃避反应： 我们因为孩子这样的行为感到羞愧。其他人肯定会觉得我们没有好好管教孩子。我们想像鸵鸟般把头埋到地下，并且设法尽快从这个"灾难现场"逃出去。我们抱起孩子，丢下半购物车的东西，一溜烟逃离超市。"明天去幼儿园不给你带苹果了！"这种羞耻感太强烈，以至于我们无法面对现实，宁愿明天再去一趟超市。

反应 3—— 报复反应： 我们感觉自己丢脸了——并且为了减轻自己的负罪感，会让孩子出丑。我们担心会失去自己的威望和别人的尊重，所以采取让"始作俑者"难堪的方法，找一个"罪人"，也就是孩子，承担这一切。也许在孩子开始尖叫时我们发觉有人愤怒地望过来，此时摆脱羞耻感和压力的需求变得特别强烈，以至于我们压抑不住自己的冲动，对孩子说出类似"你怎么能这么做？""你应该为自己的行为感到羞耻！"这样的话。我们通过报复，把不愉快的情绪转嫁给了孩子，不用自己忍受它。

反应 4——攻击性应激反应：我们从正常模式切换到进攻模式，并且攻击自己的孩子，以为这样做就是在真正地"教导"孩子了。为了逼迫孩子表现出我们理想中的样子，我们会试图给孩子施压："如果你不立刻安静，那就……""你立刻道歉，不然我就……""如果你现在不立刻……，你就什么都得不到"。现在，压力系统高速运转，我们进入攻击模式：威胁、责骂、紧紧拉扯着孩子的手臂都是有可能发生的。我们看不见周围发生的事情，对眼前这个疲惫的小家伙不再充满同情，我们进入到一个压力场，并且很容易说出过后会后悔的话或者做出会后悔事情。有时候，这种懊恼的感觉特别强烈，以至于我们会把由于自己失控产生的羞耻感转嫁给孩子："如果你不那么做，我也没必要那么用力抓你胳膊！都是你自己的错！"

进一步分析

这些反应你觉得熟悉吗？是你有过这些经历，还是从别人那里听到过？现在我们来仔细分析一下：为什么会产生这些反应？它会把我们引向何处？哪一种反应对我们帮助最大？

反应 1——最明智的做法：这种反应也是最难做到的。我们从研究中获知，从容镇静的家长抚养的孩子，通常更少发火。

反应2——采取回避反应也不是件坏事：认识到我们不是必须"忍受"这一切，而选择改变计划也是明智的做法。重要的是，我们不要在这种场合羞辱孩子，不要说类似"因为你的关系我们今天都没有苹果吃了"这样的话。因为孩子其实没有做错什么，是因为我们太晚来超市，才使他们压力过载。因此，我们必须要自己承担没做好计划的责任。但是这个反应也有缺点：虽然我们摆脱了这个局面，但没有帮助到孩子。他们没有学习到如何应对压力的技巧，只是看到我们仓皇失措地逃跑。

反应3、4——压力外化：我们把压力转移给了尚不知事的孩子。孩子失衡胡闹的状态让我们紧张，陷入压力之中，从而没有能力安静从容地安抚这个小家伙，让他找回自己的平衡状态。为了让我们感觉好一些，孩子必须表现出不同的行为——只有当孩子重回"乖巧"，我们的压力才能得到缓解；只有当孩子表现"正常"，我们才是好的父母；只有当我们说了算，才能感到自己的价值，才觉得自己处于平衡状态，才能放松下来。因此我们试图用羞辱、恐吓、指责、施压和攻击的方式，强迫孩子重回平衡状态。此外，攻击性行为也可能是被动的——对孩子而言，当大人轻蔑地惩罚他，不和他说话，或者干脆无视他时，他可能会感到自己不再被爱。长久以来的实践表明，这样的方式是不可能让孩子重回平衡状态的。

但是有些家长会吃惊地问道："真的吗？但是当我严厉地大声说话时，孩子会立刻安静下来，说明这种方式还是有效果的！"是，也不是。因为在被责骂的时候，孩子是出于恐惧才安静下来，他并没有学到什么。他只知道压抑自己的情绪和感受，而不是去调节它。这样做的结果是，孩子现在储存在体内的压力会找寻下一个机会释放出来。所以，孩子的下一次吼叫、下一次哭闹、下一次自闭（取决于孩子的性情）都是预先设定好的了。

家庭治疗的先驱卡尔·惠特克用他一贯的挑衅式教育风格建议道：孩子应该努力去符合我们想在邻居面前塑造的形象。在这里，我还想把范围扩大：孩子应该符合我们想为自己、为爷爷奶奶、为学校老师塑造的形象，甚至符合我们想在朋友圈等社交平台上塑造的形象吗？

你是无价之宝，我也是

当我们需要从孩子身上获取价值感时，危险的恶性循环就开始了。一个必须通过自己表现良好而给家长带来价值感的孩子，背负了他所不能承受的重压。并且我们会一直感到失望，因为这不是孩子的天性——他们的天性不是用好的表现给父母带来自我价值，而是不断进步，不断试错，并且找到一条属于自己的道路。自我认同和获得价值感，只是我们自己的事情。

育儿，懦夫是做不来的

"都是因为你！今天没有甜点吃！""你怎么能这么做？你应该为自己的行为感到羞耻，真的是胡闹！""走，你现在立刻给我过来，要不然我就再也不给你买玩具了！我要把你的玩具都拿走，听到了吗？""你看不见你给我带来多大压力吗？你怎么能对我做这样的事情！"

为什么我们最好用愧疚代替羞耻

坦白地说，我们当中很少有人会因为羞辱孩子、打骂孩子、恐吓孩子，把孩子拽到车里或者对他们大吼大叫而真的感到骄傲。在这么做的时候，我们实际上羞辱了自己两次——一次是为自己糟糕的教育成果（因为我们把孩子吓傻了），一次是为自己糟糕的反应（因为我们大吼大叫，指责孩子）。我们试图尽量掩盖这种羞耻感。我们会生气，责怪自己和别人，愤怒，或者陷入自我谴责、抑郁、自我怀疑和无奈绝望之中。无论是哪种情况，我们都试图尽快摆脱，赶走这种情绪，因为它是无法让人忍受的。

而且我们也本能地感觉到：这种羞耻感没给任何人带来好处，既包括我们自己，也包括我们的孩子。这个领悟让我们的神经猛地绷紧了——羞耻感是重要的指路牌，但同时，我们必须对这种情绪及时放手。

让人抑郁的羞耻感

羞耻感是一种不确定的情绪，它挫伤了我们的自尊，虽然我们不能确切地说出原因，但是我们感觉"不好"，感觉"没有价值"。在羞耻感中，我们不会大大方方地承认"昨天我威胁了宝宝，这真是蠢事一桩，所以之后我道歉了"，而是会说"昨天我威胁了宝宝，这真的让我感到很惭愧，我真的不是一个好父亲"。羞耻感是笼统的，它贬低了整个人的价值。但做一个"糟糕的母亲"或者"糟糕的父亲"的感觉真的不能令人愉快。所以我为你找到了另一条出路，可以让一切变得简单得多。

使人解脱的愧疚感

和羞耻感相比，愧疚感简直是一个让人解放的概念！为什么呢？因为当我有愧疚感，那么的确是因为我做错了一些事情，但是我可以去弥补过失。（当然这里我们不是在讨论严重伤害别人的重大过失。）

生活中发生的事情大部分都是

可以用爱和理解去修复弥补，

重新变"好"的。

所以从这个层面来说，我们的灵魂更容易接受自己说："是的，我做错了。我骂孩子了。"这听起来不怎么悦耳，但是会给我们带来极大的帮助。这样，下一步就不会是撕扯着我们自尊心的难以名状的羞耻感，而是一项行动：我们现在去向孩子道歉，并且承认自己的行为是不对的。我们这么做的时候，可能会一再感到吃惊，孩子是多么乐于接受我们的道歉，他们其实没有心怀那么多怨恨。当然，我们同时也必须要承担责任，我们应该反省、改进自己，让这种情况不要一再发生。不断责骂，然后再不断道歉，这当然不是一条正道。但是，道歉是远离羞耻感，走向行动，走向我们可以自己掌控的自主生活的重要一步。来自德国居特斯洛 LWL 医院的治疗师克劳斯 - 托马斯·克伦穆勒简单明确地说道："哪里有羞耻感，哪里就应该有愧疚感。"并且他建议，将混乱的羞耻感（比如，"我是个糟糕的妈妈""你是个糟糕的孩子"）转化为具体的问题（比如，"我经常感到压力过大，并且过于频繁地指责孩子""孩子没有整理好自己的东西"）。

　　下面的内容适用于我们自己和孩子：我们不应该一股脑儿笼统地把自己概括为糟糕的、懒惰的、不合群的、失控的或者恶劣的（这样会将自己推入羞耻感中），而是应该具体地说，在特定情况下，是什么影响了我们。这样，我们就给了别人也给了自己弥补过错的机会。如果不这么做，那么双方的内疚感会以危险的形式独立存在。

　　"家长会觉得，他们是不称职的父母，孩子会认为，他们是糟糕透顶的孩子——这种想法甚至会世代相传。"克伦穆勒说道。

我们决定如何共同生活

为什么会有这种微妙的感觉？当我们在童年被羞辱时，总会听到类似
"你怎么能……"这样的句子，当我们长大成人后，居然仍会容易陷入羞
耻感。

今天是我犯了错！

在有小宝宝的家庭里，如果讨论到"是谁的过错"这个问题，
通常情况下不会牵扯到什么生死攸关的事情。对孩子来说，他们
的感受更像之前讨论过的猎人和采集者的情景。为了在一个家庭
中立足，有愧疚感不是什么坏事，而是一种承担责任的表现。针
对愧疚感，我有一个不错的小游戏。

早上，一个家庭成员说："今天是我犯了错！"那么面对一
天之中总是会发生的那些事情（比如：谁把巧克力酱碰倒了？为
什么卧室的窗子还是开着的？为什么没有人喂狗？），这个人每
次都要回答："是我的错！"这样孩子就学会了，承认错误不是
什么威胁生命的大事。只要去弥补错误（为碰倒巧克力酱道歉、
关上窗户、喂狗）就可以了。通过这个小游戏，家人会学会容忍
错误。可以证实的是，这是创新、亲密和真挚沟通的基础。

有压力的时候，我们会将这种羞耻感传递给孩子。在压力之中，我们

也会更倾向于重复自己在儿时学到的话，对孩子说："你怎么能……？"这样，我们就在无意识中将这个话题一代又一代地传递下去。但这不是必需的，我们可以有意识地将这个循环打破。

并且，这样做是值得的。因为在一个被羞耻感控制的家庭中，规则往往是混乱的、专断的（"黄油只能从同一侧切，不然爸爸就会发怒！"），且个人的界限不被尊重（"你就在楼梯上坐着吧，直到你承认错误为止！"）。当然，我们更愿意建立一个规则清晰、井然有序、互相尊重的家庭环境（"夏天请把黄油放到冰箱里！"），并且尊重每个人的界限（"你可不可以想办法提醒自己，不要忘记把黄油放到冰箱里？在黄油碟上贴一个便利贴，写上'我喜欢冷的地方'，也许会有帮助。"）。这样的家庭被称为"功能性的"，因为它可以更好地克服压力，更好地应对日常生活，并且养育出人格更稳定、更懂得知足的孩子。

因此，我们可以决定，对自己来说真正重要的是什么。当我们这样理解内在和外在压力时，就可以最终做出自己的判断，该如何应对在超市里吵闹的孩子。

现在，羞耻、愧疚和内疚都可以成为我们的有力帮手：

它们会提醒我们，

该沿着什么样的路前行，哪些方面我们还可以学习。

我们要思考自己的价值、特点，以及当下对我们来说什么是真正重要的。如果我们对自己真诚，并且注意到那些可以改进的关键点，就能够与孩子一同成长。这样，羞耻感就会扮演它原本的角色，成为我们成长路上的指南针。但是我们不是必须要走到这条路的终点，因为我们做不到，也没必要做到完美。此外，我们也应该注意，哪些遗传模式在起作用。这样我们就可以自己决定，哪些应该传递给孩子，哪些最好不要。现在，我们真正获得了自由，我们长大了，并且将生活掌控在自己手中。

我们该如何道歉

每个人都会犯错。你、我、老师、教育学家，所有人。首先明确这一点是很重要的。并且，承认自己会犯错误也是很重要的。正确的方式是：认识错误，适当地后悔，然后从错误中学习。否认、回避错误，对我们来说不会有任何帮助。但是，另外一种因错误而陷入懊恼的极端，也毫无益处。

遗憾的是，作为父母，我们太容易对自己过于严苛了。我们想要变得完美，并且会因为自己的不足而无情地进行自我谴责。如果我们让自己内心的批评家像这样占了上风，就会耗费许多不必要的能量。因为，无论我们已经做得多么出色了，这个批评家都能挑出破绽来，并且总能找到错误。他总是小题大做，不放过任何不完美的地方，并且忽略大环境带来的影响，比如说，客观情况是今天过得真的很艰难。他永远不会站在我们这边，即便有时他装作和我们站在一起。

内心的批评家甚至会觉得我们想要弥补过错、重新做好父母的尝试都是可笑的，并且夺走了我们教育孩子需要的宝贵力量。他总是着眼于消极的事情，并且总是对此大做文章。我们需要牢记：专注是需要精力的。如果我们总是消极地思考问题，那么我们的精力也都会放在消极的事情上，负面情绪会占据更多空间并耗费更多的精力，由此产生一系列负面效果。如果我们教导自己的大脑总是看到消极的一面，那么这条轨迹就会深深地烙印在我们的脑海里，让我们不断重蹈覆辙。因此，重要的是，我们必须以友好的方式改造内心的批评家，并找到新的道路——宽恕的道路。

我们可以这么做

（1）在下次内心的批评家抱怨时，我们就满足他批评的欲望吧。压制我们内心的这个部分是毫无意义的，他只是想帮忙而已。我们倾听一段时间内心批评家的话，谢谢他，然后告诉他，信息已经接收到了。"谢谢，我听到了。"然后我们继续前进。如果他仍在继续抱怨，那就让他接着说吧，就像对待一个喋喋不休的对话伙伴一样。但是我们仍旧要毫不动摇地走自己的路。

（2）现在，我们激活自己内在的保护者。美国神经心理学家里克·汉森在他的《佛陀的大脑》一书中写道："内在的保护者会把你的弱点和过错放到大环境中看待，强调你的缺点旁边的优秀品质，并且在你脱离正确轨道的时候鼓励你重新回去。"这听起来像是一个好伙伴，不是吗？

（3）我们回想一下被人关心、照顾的感觉是怎样的。上一次有人全身心地为我们付出是什么时候？什么时候有人保护过我们？我们回想一下当时的感觉，比如，胸膛升起的阵阵暖意，心灵如同被幸福的光束照耀，或者腹部感觉到了祥和、温暖。让这种感觉占据我们的身体，然后"沐浴"其中。这时，大脑细胞会重新连接，并且会"感受"新的航道。所以我们尽可能长时间地去享受这种感觉，最少12秒。（这已经很长了，你来尝试一下！）

（4）我们让内在的保护者帮助我们回想起自己的许多优秀品质。我们可以在心里逐一列举出来。今天完全感觉不到自己的优点，也许是我们根本没有优秀品质吗？不是这样的！每个人都有闪光点。我们有耐心，充满爱心，我们晚上会给孩子讲故事，我们倾听孩子的心声……请唤起这些记忆，然后感受做好事能给人带来多么愉悦的感受。

（5）现在，让我们在这种被关怀的、愉快的、大脑放松的状态下，回想那些让我们觉得羞耻的事情。无论是一直介怀的羞耻感，还是极小的、让你觉得羞耻的事情，现在都可以回忆一下。我们来观察这种羞耻感对我们自己做了什么，对别人做了什么。即便是那些不愉快的记忆，我们也可以仔细回想。因为我们被保护着，所以回忆这些不好的情绪也没关系。清晰地查看这些记忆，有助于我们之后放手，虽然现在有些不愉快。

（6）我们问自己：我真的有必要为这件事情感到羞耻吗？或者那只是一时的疏忽？如果真的涉及了道德上的错误，那么我们就要允许自己（感谢里克·汉森提醒了我们）有适当的内疚感和羞耻感，然后悔恨。

（7）我们问自己：是不是已经做了些事情以示道歉？我们要为已经做了的弥补，感谢自己。

（8）如果还有可以补救的地方，那就让我们静静地倾听自己内心的声音让我们该怎么做。我们要忽略内心的批评家说的话："你只有再也不……，才能……""只有当你从现在起一直……，才能……"因为这都是胡说八道。我们是人，我们会犯错。让我们变得完美的要求，都是无理要求。

（9）最后一步：谅解自己。我们可以在脑海中对自己说，或者大声喊出来："我为自己做出这样的事情负责，我纠正了过错，现在我原谅自己。"

（10）让我们为爱自己和爱别人的小小瞬间感谢自己。如果现在还有事情可以做（比如，抱抱孩子并说句"对不起"，或告诉伴侣"昨天我的反应太苛刻了，请原谅"），那么现在就去做，之后再好好享受轻松和亲密的感觉。现在，让我们继续前进，并且提醒自己，刚刚我们做得多么出色！

总结

» 当孩子表现糟糕时，我们会为自己感到羞耻——因为我们觉得自己是不称职的家长，觉得我们做错了什么，自己还不够好。我们会为孩子在公共场合的表现感到羞耻。

» 如果接下来我们去指责孩子，那么只会感觉更加糟糕，会感到我们的确做错了事情，在这个时刻，我们真的不是好的父母。我们会感到更加羞耻，这次是为我们自己的行为。

» 之后，这种羞耻感很容易转化成羞辱孩子的攻击性行为。因为当孩子不能"正常运转"时，我们觉得被冒犯到了。这种因失望而生的攻击性会导致我们去指责，下意识或者直接地贬低、轻视孩子，甚至是我们自己。

» 所有这些，都是关系、联结、爱和自爱的毒药。

» 这个恶性循环的出口就是我们用愧疚感代替羞耻感。虽然孩子做出了蠢事，但他也能纠正错误。他不是为人很糟糕，而只是他的行为很糟糕。

» 在我们的脑海中，羞耻感和自我批判意识是根深蒂固的。但是，我们可以帮助自己的大脑开辟一条新的道路：我们要不断地、有意识地唤醒自己被喜欢、被保护和被珍视的感觉。这样，羞耻感和内心的批评家就找不到机会了。

"摩登时代？"

我们的家庭生活符合天性吗？

比起德国，可能在其他一些文化中，人们对待孩子会更加宽容，家长也会得到更多的帮助——在日常生活和教育等方面。我们生活在一个物质富足的世界，但同时也陷入巨大的贫乏之中：我们的时间太少，支持太少，而且往往休息得太少。

你一个人是怎么做到的？

几年前，我和儿子去了塞舌尔群岛拜访我的朋友。他们住在群岛西南侧一个海水湛蓝的小海湾边，周围环绕着香蕉树和杧果树。我和儿子坐在沙滩上无所事事，只是做一些日常活动。我们静静地听鸟儿唱歌，望着大海，让雪白的贝壳沙从指间漏下。这时我听到有人哼着小曲儿走过来，是一位老妇人。她走过来，坐到我们身边，看着我怀里八个月大的儿子说："我之前也住在欧洲。现在你们仍旧是父母独自养育孩子，没有大家庭的帮助吗？"对于这个问题我感到很惊讶，回答道："是的。"当我正想说"这没什么不好"的时候，她拥抱了我一下，继续说道："我真的是打心底里为你感到难过，难以想象，你们要承担多少事情！"

为什么在博茨瓦纳养育孩子比在柏林容易？

关于这次相遇我思考了很久。与在其他大洲生活相比，在欧洲生活有许多优势。但是，有一件事情在这里的确要困难得多：我们和孩子在一起，会产生与现代生活不对称的孤独。

我认为，首先阐明一点是明智的：我们对自己和对孩子的要求，绝不是"正常的"，我们并不能一整天或者半天，独自一人陪伴一个孩子，或者几个孩子。

你知道在危地马拉，父母不会要求孩子分享玩具吗？你知道在波多黎各，没人会期待六岁以下的孩子独自入睡或者安睡一整夜吗？你知道在博茨瓦纳的科伊桑人中，母亲被认为拥有无限的耐心，并且在远足时，七岁以下的孩子都会由父亲背着吗？

人类为何而生

人类的祖先从四百五十万年前就开始进化，而我们作为直立行走的狩猎者和采集者，已经在这个星球上生活了近两百万年。直到二十世纪七十年代，一些族群还保持着以狩猎和采集为生的生活方式。我不禁好奇：在这些族群中，家长是否会指责他们的孩子？让我们看一下，那些保持相对"天然"的生活方式的人，是如何应对压力和责骂的。

被研究得很多的一个族群，是来自博茨瓦纳和纳米比亚南部卡拉哈里的科伊桑人。这个民族之所以引起我们如此大的兴趣，是因为对于他们的生活方式有着多种多样的描述，并且，他们被认为是极其和睦的民族。研究者将科伊桑父母形容为拥有无穷的耐心，非常宽容、放松和镇定。在科伊桑人中，孩子的主要任务是玩耍。没人期望十四岁以下的孩子能稳定地帮助成年人做事，或是能对家庭做出重大贡献。孩子们的主要任务是用玩耍的方式预备、练习成年人的生活。

孩子们会在游戏的过程中练习如何获取食物，但这不是他们必须完成的任务，所以他们拥有相对无忧无虑的童年。与此同时，在科伊桑人中，有着每个人都必须遵守的非常明确的规则。

在卡拉哈里，规则是非常容易被理解的，因为它们涉及的都是清晰易懂的主题：这片灌木丛不能去；这个箭头上抹了致命的毒药，请不要触摸；食物是给每个人的，老年人应首先得到食物，然后是哺乳期的妇女，接着是战士，最后才是孩子。每个孩子很小的时候就知道这些规则，他们很容易理解，因为不遵守规则的"后果"立刻就可以看到。

"一个人带着两个疲惫的孩子——对我来说太难了！"

是的，这太常见了！如同我们的祖先一样，许多传统民族的基本生活单元是由几个家庭组成的群体。没有人会独自一人带着两个疲倦的孩子。没有家庭会像现代社会中这样，独自居住在周围都是陌生人的房子里。

非洲的一句谚语说：

养育一个孩子，需要一个村庄。

而且，我们的祖先也不是独自抚养孩子长大。在一天中，总会有朋友、爷爷奶奶、叔叔阿姨或者其他家庭成员陪伴我们。与这么多人一起生活当然并不总是一件容易的事情，但这绝对是一种巨大的解脱，尤其是对于有小婴儿的家庭来说。此外，在数千年的时光中，人类会将一天的大部分时间都花在大自然里。今天我们仍然可以发觉，当我们在海滩、森林或山中时，带孩子通常不会让人觉得那么"费力"。

没有关于"我的"和"你的"的争论

"立刻把爸爸的手机放到一边去！"许多猎人和采集者不像我们现代人这样，对所有权的概念划分得这么清晰。比如说，当科伊桑人被研究者盯得头皮发麻，绝望地打算搬离现在的营地继续迁徙时，他们会把制作好的工具留在原处。在新的营地中，他们会重新制作工具。财产是一种负担；一旦你拥有了某样东西，就必须得将它带来带去。因此，如果一个人需要不断迁徙，财产就毫无价值。这也意味着，部落中没有人会为财产而战，在孩子们之间也不会。"我的"和"你的"不是重要的概念。

什么叫作"符合天性的"工作？

还有一些事情在这些民族和我们的祖先那里是完全不同的，但这一点很少有人知道，比如工作时间。在谈到这个问题时我常常被问道："他们不是都很努力工作，而且很早就去世了吗？"也许不是这样的。甚至相反，他们很有可能比我们过得更加舒适。

现在的研究人员强烈驳斥那些关于我们的祖先过着怎样艰苦的生活，往往工作到筋疲力尽的讹传。正相反，当前的研究得出结论，虽然我们过着狩猎和采集生活的祖先获得的能量比我们少，但他们吸收的营养成分却更多，工作的时间也更少。他们比今天的我们更苗条，同时营养更佳，为生存所需付出的工作量也更少。

这样，我们的祖先当然
负担更少，时间压力更小，
简而言之，压力更少。

这么多蒙刚果[①]！

根据许多原住民的描述，他们为了直接的生计，每天工作的时间不超过四小时。而科伊桑人大概每周工作十二到二十一小时（所以有时一天只工作两小时）。

关于澳大利亚的原住民，美国人类学家马歇尔·D.萨林斯写道："猎人和采集者比我们工作的时间要少，并且持续性的工作很少，他们更多的是花费短暂的零散时间来寻找食物，所以会留有大量的空闲时间。最重要的是，他们每天的人均睡眠时间比在任何其他社会中生活的人都要长。"科伊桑人主要以蒙刚果树的果实和肉类、蔬菜为生。理查德·B.李在他的著作《科伊桑人》中引用了一个来自马奥帕的科伊桑人的话作为开头："在这个世界上有那么多蒙刚果，我们为什么还要种植别的东

———————

① 蒙刚果（Mongongo），蒙刚果树的果实，果肉可食用，主要分布于非洲南部地区。——译者注

西？"从他的角度来看，这是一个非常合理的问题。科伊桑人所处的自然环境仍然保持完好，他们虽然没法儿吃得大腹便便，但可以依靠大地很好地生活。

萨林斯把狩猎—采集模式概括为这样的节奏：一到两天的工作，配合一到两天的休息。"一位妇女在一天之内，就能收集到足够供给她的家庭三天的食物，她的其余时间就在部落休息、刺绣、拜访其他的部落或者和客人聊天。每天，她都要花大约三小时在家里做家务，做厨房的杂事……"这些杂事包括取水、准备柴火、烹饪和归置整理房间。

科伊桑人的日常生活是非常放松的。他们常常围坐在一起劳动。他们有说有笑，气氛愉快。几个孩子结为伙伴，围着大人玩耍。他们会时不时收到一项任务，或者有时会得到一个温柔的警告，但除此之外，部落中的场景会被描述成"心情愉快的、一团和气的、坦然自若的"。

所有父母都失去耐心时

有趣的是，在一种情况下，即便是以无穷无尽的耐心著称的科伊桑族家长也会对孩子失去耐心。

当族人定居下来时，科伊桑族妇女会突然开始以比较短的时间间隔生育孩子。有个故事是关于科伊桑族女孩妮萨的。她说，她的母亲在她刚满三岁的时候违反部落的习惯又怀孕了，当时她还偶尔会喝母乳。频繁地生养孩子对科伊桑人来说是很不寻常的。因为他们仍以猎人和采集者的身份生活，孩子会被母乳喂养到三四岁，这样的习惯造成了至少 4 年的生育间隔。

长子的情绪安全

在其他原住民人群中，研究人员也观察到，每个家庭的两个孩子之间至少有 3 岁的年龄差距。研究人员理查德·B.李写道："成年科伊桑人表现出的情绪安全，可能源于他们在幼儿时期所获得的安全感。"据他研究，科伊桑族每个孩子都有长达 44 个月的时间独自占有母亲的爱，这样就能在下一个孩子出生之前成熟起来。

在巴拉圭的阿切人之中，平均出生间隔"仅为"36 个月，而亚诺玛米人的平均出生间隔则更短，只有 34.4 个月——在原住民民族中，这被认为是有史以来最短的生育间隔之一。

但这一切在 20 世纪 80 年代发生了变化。科伊桑人的狩猎场被大农场主占用，狩猎变得困难，有时甚至被禁止。有些科伊桑人被迫定居下来，除了母乳之外，他们还可以用牛奶、羊奶或者是谷物熬的粥喂养孩子。

科伊桑人接受了这种生存革新和额外的食物供应。但是意外的后果是：从那时起，孩子们的母乳喂养减少了，他们的母亲很快又怀孕了。在第一个孩子只有两岁或更小的时候，母亲又生下一个孩子的情况突然变得多了起来——这种事情在以前只是罕见的例外。如同理查德·B.李所写的那样，现在母亲突然忙乱起来，不仅需要时时照看新生儿，还要被"不停胡闹，处在反抗期的两岁孩子"干扰。

生育间隔和情绪压力

这种研究人员突然观察到的情绪压力，显然与"游牧部落中相对宽松、从容自在的儿童养育方式"形成鲜明对比。第一次，有人在部落里见到了指责孩子的父母，他们失去了内心的平静，严厉地斥责孩子，让他们遵守规矩。

> 随着生活方式的改变，
>
> 家庭独自居住所造成的隔离，
>
> 以及变短的生育间隔，
>
> 把最为放松的科伊桑族父母也逼到了极限。

毫不奇怪，当我们在电脑前和各种各样的"截止日"之间为生活忙碌，工作日在人满为患的地铁上疲于奔命，同时还要照顾孩子——无论孩子几岁——都不是简单的事情。我们人类不是为这种生活而生的。

但是，有时我们还会给生活做加法——自找麻烦。但如果我们知道，转动日常生活中的哪些齿轮可以让事情变得容易解决，将会带来许多改变。

我们怎样使生活更轻松

"仓促、焦急和时间压力……"62%的父母说，"这就是我们的日常生活。"只有37%的被调查者提出的是财务上的困扰，30%的受访者指出对育儿或对孩子学校的担忧。在佛尔莎（Forsa）公司① 委托《家长》杂志进行的一项问卷调查中，有1000名成人和儿童被问及他们如何看待自己的生活。有十分之四的受访者表示，他们得不到来自家庭或周围环境的支持。但是，当研究人员询问家长，什么事情最让他们感到有压力时，有二分之一的母亲和三分之一的父亲答道："是我对自己的要求，总是让我感觉压力很大。"紧随其后的是社会规范——必须抚养一个完美的孩子的常规要求，排在之后的才是雇主、媒体、空闲时间和亲戚。

四分之三的受访女性表示，她们经常或者时不时地觉得自己作为母亲是不称职的。三分之二的受访男性认为，他们没有履行好父亲的职责。其次，社交网络也可能给父母带来压力：十分之四的父母发现，人们会试图在社交媒体上展现与自己的实际情况不符的形象，而有三分之一的受访者会抱怨"社交网络在浪费我的时间！"。

---

① 佛尔莎公司（Forsa GmbH），成立于1984年的一家做社会研究和数据分析的德国公司。——译者注

走向安宁的第一步

当父母被问及，什么会给他们带来最大帮助时，41%认为是更多的财务支持。但紧接着有38%的受访者表示是更多内心的平衡、放松和平静。

我们如何才能获得内心的平静？第一步是要承认：我们不必成为完美的父母。更重要的是，我们不必抚养完美的孩子。

正确的比例

你可以检查一下，在日常生活中，哪些事情是真正需要做的，哪些事情可以稍后再做。比如，你可以在五年之后，当你的孩子长大些的时候，再收拾地下室——反正它也不会跑掉。我们要用正确的比例去分配精力。在压力大的时候，我们常常认为，所有的事情都必须同时做完，但通常事实并非如此。

在经过了漫长的一天后，我们应该对自己和孩子怀有更多耐心。如果傍晚感到疲惫，那么在做晚餐的时候，没必要非得把蔬菜切成有趣的笑脸形状，不是也可以用冷冻包装的蔬菜吗？如果孩子必须早起而又不想自己穿衣服，他们也可以在前一天晚上就穿着干净的衣服睡觉，这样早上只需要自己套上裤子和外衣就行了。生活的压力足够大了，让我们过得轻松些吧。

孩子是不是会愤怒地推翻积木，然后强烈拒绝自己整理？他们是不是会扯住弟弟妹妹的头发，然后拒绝道歉？他们是不是不想换新的内衣，不想梳头发或者洗手，更别提刷牙了？

你知道吗？这些都不要紧！我们没有必要立刻让事情重回到预设的轨道上，我们不必立即采取行动，我们也不必立刻将规定贯彻下去。

就算当前无法解决问题，我们也没有失败，当然孩子也没有。孩子既不会被宠坏，也不会就此失去管束，我们没有必要为此担心焦虑。孩子只是孩子，他们有很多年的时间来学习这一切。我们可以不紧不慢地享受一杯热茶，然后耐心等一等，看看会发生些什么。我们可以找一个平静的时刻，和孩子一起整理玩具；关于扯头发的事情，我们也可以晚点再和孩子讨论；而且，没错，我们甚至可以让孩子脏着脚底、没做完作业就上床睡觉。第二天，在大家都清醒、冷静的时候，我们可以从长计议。

作为父母，我们经常处于"警报模式"，所以孩子的许多行为在我们看来都是威胁，必须立即加以遏制。我们可以这样想：当孩子不按设想"运转"时，他们只是魂儿飞走了，不在"状态"。毕竟，他们是孩子，他们在学习。有时他们是在给成年人施加反作用力，观察他们，是不是在这种情况下也会保持镇定。当然，成年人也有权利说："我不要。"

当孩子不顺从时，

我们并没有失败。

我们不必立刻着手纠正一切。

但这并不意味着让孩子决定家庭中的规则。这只是说明，我们可以放松下来并理解：这些事情孩子会学会的。也许不是今天，也不是明天，但是他会学会。我们要以温柔和友好的态度关注这个问题。有趣的是，如果我们不施加额外压力，孩子学习的可能性和速度都会增加。因为，只要他们的荣誉感和自尊心完好无损，只要他们仍然具有价值感，并且没有因为我们责骂"你简直冥顽不灵"而被贬低，那么孩子们就会更乐意合作。

战术性后退

当我们意识到这一点，就能学会如何在日常生活的波涛汹涌中如磐石般屹立。因为在通常情况下，并没有什么紧急或严重的事情发生。当然，如果孩子冲到马路上，我们必须立即阻止他们。但是，如果他们在家里气冲冲地跑进房间，砰的一声把门关上，我们其实可以安心地坐下，先冷静下来想一想如何解决问题。

我们看到：许多压力触发的因素都来自内部，我们完全可以掌控它们。我们不必是完美的，我们不需要大房子，我们不需要新车，我们完全可以做自己。那些固执的、倔强的孩子也是如此。

那么，我们的孩子如何看待我们？市场研究机构"偶像儿童和少年"在问卷中询问 6—12 岁的孩子对他们的生活和父母的满意度：大约 90％ 的孩子回答说，他们的父母是世界上最好的父母。91％ 的孩子赞同，他们在父母身边"总是感到非常安全和舒适"。90%的孩子说："我的父母爱我，无论我是怎样的人。"

在调查中，当孩子被问到，最希望从父母那里获得什么时，答案总是很清楚。列表最上方总是显示："想有更多时间与父母在一起。"与孩子在一起的时间是无价的，我们必须抽出时间多陪陪他们。

练 习

我们自己和我们的孩子有哪些优点？

与你的伴侣坐下来并互相提问：你的孩子认为你的哪些优点值得称赞？好好想想这个问题，用心去感受。晚上你会给孩子讲故事吗？孩子昨天错过校车，你开车送孩子了吗？你会讲有趣的笑话吗？告诉对方，在哪些时刻你是个优秀的家长，并记录下来。

然后，请在纸上记录下孩子表现出色的时刻。孩子在哪些时刻好好穿衣服，乖乖洗了手，帮助了别人或者知道布置餐桌了？我们要意识到，家里的每个人都做得很棒。如果可能的话，在日常生活中产生"哦，天哪，我又搞砸了！"这种想法时，请看看这张纸。

小家庭和压力对我们有什么影响

"小家庭的模式是错误的。父母必须独自满足孩子的所有需求，这超出了他们的能力范围。儿童需要不同的成年看护人。"瑞士儿科医生和作家雷莫·拉戈在接受瑞士杂志《观察者》的采访时说。他说这番话的用意，并不是想破坏我们现在生活的普遍模式，只是总结了相关研究者确认已久的事实：我们人类并不适合由一两个成年人和一个或多个孩子组成的小家庭结构。

本不是这样的

如果你仔细研究人类的历史，就会立刻发现：人类是一个合作成长的物种，我们总是在集体中养育我们的孩子。因此，单独抚养或者两个人养育一个孩子，永远是一件让人不堪重负的事情，几乎可以说是一种我们过去都试图尽快结束的紧急情况。因为这简直是太费力了。

所以，为什么在小家庭中养育孩子这么累呢？问题就在于我们强大、高效的大脑，以及直立行走的方式。人类在发展进化的过程中，形成了越来越强大的大脑。同时，因为我们直立行走，所以无法分娩出脑袋过大的后代。这就是为什么当我们把孩子带入世界时，他们其实是"生理性早产"的，所以他们会成长得非常缓慢。但这也是件好事，因为他们确实可以学习很多东西，并且有足够长的时间来适应各种事物。但对大人来说，这也是一个非常辛苦的过程。

人类学家莎拉·布鲁弗·赫迪说，在所有灵长类宝宝中，我们负担了"最高的成本"。与其他哺乳动物不同，我们的孩子不会在短短几个月或几年后独立。他们必须花上近二十年的时间来学习如何在这个世界上生存下来，无论是在德国的亚琛还是在巴西的亚马孙丛林，不会有任何区别。对于所有人类来说，学习阶段所需的时间都是相同的：人类的大脑大约需要二十年的时间，才能完全"长成"。

学习我们在生活中所需要的

所有知识和技能，

大概需要花费二十年时间。

这带来许多优点：无论孩子是在亚马孙丛林还是在亚琛出生，他都可以学习、掌握本领，并且成长为集体中的正式成员。而缺点也是显而易见的：我们必须积蓄多到令人难以置信的能量，来传授给孩子所需要的一切。

现代村庄

人类历史到目前为止还没有出现问题。能否拥有健康、聪明、能干的后代，对整个部落、整个村庄或是整个群体而言都是利害相关的。即便在现代社会，我们也仍会得到许多帮助：日间保姆、保育员、幼儿园的老师、助教，以及理想情况下会帮忙的邻居、朋友和家人。然而，父母的负担依旧是巨大的，尤其是在所谓的边缘时间段。因为在一大早，或者是晚上，孩子肯定是在家中和我们在一起的。所以在早晨必须得很快出发，而在傍晚大家都感到疲劳时，我们还得采购、做晚餐和整理房间。在这样的状态下，如果发生了这样或那样的意外情况，局面就会很快恶化。

此外，如今我们还有其他源源不断的压力。"那些把家庭生活和工作相当成功地协调起来的人，都累得要死。我们从办公室到幼儿园，从超市到足球场，从篮球训练场到花园派对，一路奔波。如果这样生活了一天，那到了晚上，我们都感觉不到自己的脑袋在哪儿了。"苏珊·加索夫基和布里塔·塞姆巴赫在他们的书《一切皆有可能的谎言：为什么家庭与工作无法协调》一书中写道。对于93％有未成年子女的父母来说，家庭是生活中最重要的领域，超过了爱好、工作和朋友。但是，我们如何确保自己晚年生活得安稳？谁支付养老金？谁支付房租或者偿还房贷？我们如何保持较高的生活水平？父母需要工作——而且是双方都需要。

人生的巅峰时刻

在我们人生的"巅峰时刻"，一切都必须要成功：职场、孩子、夫妻关系、安全感……我们被各种各样的信息暗示，只要正确安排，合理协调，所有事情都没有问题。我们可以工作十小时，坚持锻炼，保持良好的夫妻关系，并且确保与孩子一起度过足够的"有品质的相处时间"。"谁能够把计划安排得足够好，谁就可以拥有一切！"加索夫基和塞姆巴赫总结了这种普遍存在的、自欺欺人的谎言。现实看起来却是不同的：我们中的许多人都忙忙碌碌，疲于奔命，不堪重负，所以当七岁的孩子因为家庭作业发牢骚时，我们的耐心终于被耗尽了。

但问题的症结不在于孩子。问题在于我们所过的生活，在于我们不可能把照顾孩子和工作完美兼顾起来。而且，大家都知道，没有繁重的工作量，是很难事业有成的，或者说很难养家糊口。此外，大多数情况下会主要依赖父母中的一方供养家庭，因为通常来说，父母之中会有一方对养育孩子负主要责任。然后，除了工作以外，还有不断堆积的家庭任务等着我们：从预约医生看病，到组织孩子的生日聚会，再到与亲朋好友保持联系。

建立一个村落

看看你的周围，是否可以让邻居、朋友或家人更紧密地融入你的生活中？是否可以一起做饭，更多地组织聚餐，一起打扫卫生或轮流带孩子进行运动？是的，敞开自己不是一件容易的事情，但是当我们明白大家都在同一条船上时，建立关系会变得容易。这样，我们可以打开小家庭的大门，帮助自己，也帮助他人。

总结：

» 人类不是为过度的压力、繁重的工作负担而生的，造物主不是为此而创造我们的。我们之所以会觉得这种不平衡的生活非常艰难，是因为我们一直在"红色区域"里行动。我们祖先每天的工作时长可能不超过四小时，而且他们是在大自然中工作的。

» 人们之前总是在集体中养育孩子，并且保持着较长时间的生育间隔。即便是以平和著称的狩猎—采集民族，当他们定居下来，开始过上农耕生活并且生育间隔缩短（少于四年）之后，也会对孩子失去耐心，对孩子说话语气加重。

» 当然，我们肯定已经压力过大了，但同时，我们还在给自己施加更多压力。我们对自己提出高要求会带来巨大压力。科学证明，"只做到及格的程度"是完全可以的。

» 此外，小家庭的模式与协调家庭、工作关系的压力又会给我们带来一种"自己做得不够好"的感觉。不要让这种感觉占据我们的脑海，有意识地提醒自己：你的孩子——当然还有你自己，今天都已经做得非常棒了！

» 无论我们怎样养育孩子，他们都不可能成为"完美的"人，或者总是做出理智的行为。他们确实不可能做到，因为他们只是孩子。他们的任务就是，在我们的帮助下成长、犯错、试探、学习。

　　» 小家庭模式是一种非常新的结构，为了在养育孩子时获得更多帮助，我们必须将它拓展开。因为每个家庭都承受着同样的压力，所以我们可以积极地与其他家庭合作，比如说，轮流带孩子去上体育课。

换种方式处理压力

我们责骂或者发牢骚，也许可以起到一时的作用，但是从长远来看，我们是在给自己"挖坑"，而且日后很难从中逃出来。所以让我们努力尝试待在"绿色区域"内。在本章中，你将知道待在"绿色区域"的具体含义，以及为什么值得这样做。

我们什么时候处于"绿色区域"

"昨天孩子们直接无视了我让他们整理房间的要求——通常这会让我发疯的。但是昨天我没有爆发，反而表现得很平静。当意识到自己将要破口大骂的时候，我去休整了一下。我就让玩具散落在走廊里，坐下来等待自己的怒气消退。我真是为自己感到骄傲！这样做消耗的能量真是比永远在抱怨要少得多！"一位妈妈这样简短地说道。她一直保持在"绿色区域"里，并且能够冷静、清晰地对两个孩子做出反应。通常，这样做可以更快、更轻松、更有效地解决问题。

从"绿色区域"到"红色区域"

首先，待在"绿色区域"并不意味着我们只是保持镇静。父母也可以非常平静地发表威胁的言论，让孩子产生恐惧。

因此就本书而言，我们设定，待在"绿色区域"意味着你与孩子保持沟通。我们试图去理解他们的立场，设身处地地为他们考虑，简而言之，我们保持着同情、开放和放松的心态。不要急于发火，我们先观察，了解一下到底发生了什么事情。最重要的是：我们不要吓到孩子，因为在恐惧中他们无法学到任何东西。

相反，处在"红色区域"中表示我们完全失去了控制，也失去了与孩子的沟通。通常，我们不知道自己在说什么或在做什么，之后又难以置信我们真的说了那样的话或做了那样的事。我们让孩子觉得被威胁并感到惊讶和恐惧。所以孩子是在强制下，被迫配合做我们认为正确的事情。但是在这种情形下，孩子不是在合作，只是在服从。我们和他们之间没有沟通，只有控制。也许有时这会显得容易些，但是这种做法最终会破坏亲子关系，甚至会造成更多危害。

在这两个区域之间是"黄色区域"，就像交通信号灯一样。在这个区域中，我们已经有些烦躁了，但是还在可控范围内。尽管我们被激怒了，但依然可以用沟通的方式和孩子一起解决问题，并且有意识地按下暂停键。

只给自己的十秒钟

静坐十秒钟，问自己："我是在绿色、黄色还是红色区域？"你可以找一天中的固定时间，来提醒自己反思。例如，你可以在浴室的镜子上贴一个便笺提醒自己，或者在等红绿灯时问自己，也可以在每次电话铃响时思考一下。

通常，我们并未感觉到自己在承受巨大的压力，然后似乎"没有缘由"地就爆发了，但是现实情况根本不是这样。稍加练习，我们就可以更敏锐地觉察到自己是否正在从"绿色区域"走向"黄色区域"。然后我们就会明白：现在需要休息一下，进行深呼吸，否则将会触发"红色区域"的开关。

为什么抱怨会导致老鼠在桌子上跳舞[①]

一旦我们切换到指责模式，就会失去与孩子的沟通。他们会感到不再被重视，他们不再是和我们平起平坐的伙伴，而是低我们一等的生命。因为他们不顺从，所以我们为了让他们达到我们期待的服从程度，向他们施加了更多压力。我们会对另一半或者同事做同样的事情吗？当我们有要求和期待时，会以"该死，我还要说几遍！"这种话作为开头吗？当然不会。

儿童享有与其他人一样的人权，并且值得我们尊重。同时，正如丹麦著名的家庭治疗师和作家杰斯珀·尤尔所说的那样，孩子们是"有能力的，只是没有经验"。作为成年人，我们的任务是：时不时地也要做出不那么顺从自己心意的决定，然后教导孩子该如何遵守社会规则。但是如果我们责骂孩子，会使这个任务变得更加困难。

研究表明：如果孩子仅在压力下遵守社会规则，那么一旦他们无人监

---

① 德国谚语，直译为"猫不在家，老鼠就在桌子上跳舞"，意译为"山中无老虎，猴子称霸王"。——译者注

管，就会更容易"解放本性"。当这些孩子布置餐桌、整理房间，或者友好对待自己的小兄弟时，他们这么做不是因为他们乐意，也不是因为他们想成为合作的家庭中的一员（专家称其为"内在动机"）；相反，他们之所以这样做，是因为有人在看着并且在施加压力，或者是因为奖励的诱惑（即"外部动机"）。

这会带来令人不快的后果。只要有成人陪伴，这些孩子就可以表现得很正常。但是当"猫"不在家的时候，这些平常在压力中短暂克制的"小老鼠"就要在舞台上跳起舞了，"山中无老虎，猴子称霸王"！

对我们来说，这意味着孩子越是在奖励和惩罚的机制下被教育成长，那么他们就会在无人看管时更容易不遵守规则。因为孩子总要通过一些渠道去释放这种压力，毕竟孩子也是人。每个人都需要自我效能感、控制感和"我可以自己决定"的感觉。

无能为力

是人们最不喜欢

并且几乎无法忍受的感觉之一。

在没有成年人的房间里，他们可能会揍自己的弟弟，可能会毫无限制地看电视，或者用社交软件骚扰别人。我们都知道，即使我们已经三四十岁了，也会这样：找一个空间，在里面放肆地"大吃大喝"发泄情绪，因为大人也会在生活中感到无助。

有压力，不成事

总结下来可以这么说，指责或许一时有效——孩子现在会咬牙切齿地整理房间，羞愧地同我们一起摆放餐桌，或者不甘心地归还弟弟的玩具。

> 但是，如果我们希望长久地拥有一个
> 合作的、和谐的家庭，
> 那么指责是错误的方法。

"只在压力下奏效，等于根本无效。"这句话在我们的厨房里贴了很长时间。它每天都在眼前提醒我，不要简单地用"制服"孩子的方式创造一种服从的氛围，而是要投入更多的时间和精力让孩子们学会自己乐意帮忙，这种投资是值得的。

但是偶尔我们还是可以发火的，毕竟家长也只是平凡人。丹麦著名的家庭治疗师和作家杰斯珀·朱尔在一次采访中曾说，偶尔责骂孩子也是可以的，毕竟这是真实的相处。

"但是，当我对孩子吼叫时，我会不喜欢我自己，虽然那是真实的我。"作者提尔·莱特写道。而且，大喊大叫并不会使糟糕的一天变得更美好，相反，它会使情况变得更糟。提尔说的是对的，指责不会为孩子的教育和成长增益。严厉"镇压"是一种被专家称为"独裁"的教育方式的标志。当我们带着压力工作时，也会让孩子承受压力。他们或许学会了服从，但是研究表明，如果父母能够倾听孩子的声音，那么孩子可以更健康地成长。

发火时，我们内心发生了什么

我们不要自欺欺人，根据专家和精神科医生的一致经验，当家长对孩子发火、吼叫之后，不会轻拍自己的肩膀觉得自己做得很好。大多数人都知道，失去控制是不好的。如果我们仔细观察自己发火时的样子，那么很有可能会代入自己的童年经历。我们常这样想："这件事我本想绝对禁止，但是我失败了，我的孩子怎么能这样不尊重别人呢？这孩子这么调皮捣蛋，脑子里都在想些什么？如果我不管他，会怎么样？我是不是会养大一个熊孩子？"

我们童年的回忆

如果我们小时候被灌输了这些观点："孩子就是要被看管的，不要听他们的意见！""尊敬自己的父母！""保持顺从和沉默！"……那么我们想养育一个坚强而独立、清楚自己的界限并且会拒绝的孩子，是很难的。当我们眼前的小人儿被允许做我们小时候不被允许做的事情时，我们会感到痛苦。这种痛苦会不知不觉地发挥作用：家长更容易用吼叫、指责和发火的方式，伤害自己坚强的、独立的、"调皮捣蛋"的孩子。面对"发狂"的家长，孩子往往会有正常的、健康的反应：他们会为自己的个人界限辩护，防止自己变得"无能为力"。

"考虑了一会儿后我发觉，大部分让我吼叫的事情都归结为一个愿望：应该让孩子更加平稳地'正常运转'。"《明镜在线》《家长沙发》专栏的作者、两个孩子的父亲西奥多·齐姆森写道。他得出了一个结论：这个愿望简直是个"令人反感的要求"，因为只有面包机、收音机、闹钟、汽车才需要正常运转。人应该弄清楚，自己想要什么，不想要什么，什么是好的，什么是自己厌恶的，然后有勇气按照自己所想的样子做事。直到今天我都还在研究、寻找自己在不同领域的极限，几乎每天，我都对自己有新的发现。那我怎么能要求一个孩子，不去试着检验、探索、理解自己，以及这个世界呢？"

好吧，理论上讲的确是这样。但是，如果我们在童年时经常被大吼大叫、受到责骂，那么让我们对自己的孩子采取不同的态度，的确是困难的。无论我们多么努力，之前的模式都已深深扎根。所以，在承受压力时，我们就像一颗被挤压的柠檬，压力大了，酸味就会出来。

打开新的道路

无用信息：我们必须改变自己。好消息：我们可以自己改变。我们必须并且能够练习新的方法和思维方式，并且重新设置我们大脑中的某些"误接"。人的大脑是终身学习的，我们可以学习在日常生活中用不同的思维方式思考问题。我们可以先尝试新的方式，然后一遍又一遍地练习它。

的确，这项工作没有人能代替我们做，我们必须独立完成。没有什么药物和电脑软件是针对这个问题的。但是我们并不孤单。我们可以与其他家长一起做，得到建议和陪伴，得到指导和支持。这都取决于我们。

因为有一件事可以肯定：我们不会养出一个熊孩子。我们只是经常对一个正常的孩子到底会如何表现缺乏设想，毕竟我们也是第一次为人父母。

孩子不是小号的成年人。对上一章中提到的科伊桑人来说，"孩子是没有理智的"。他们想通过这种方式表达，他们不会期待自己的孩子富有同理心、体贴、乐于助人或者富有远见地行为处事，他们会教孩子怎么做，一点一滴，循序渐进。值得付出这样的努力吗？是的，值得！

孩子如何成为自己心目中的那个人

当我问儿童心理医生奥利弗·迪尔森，为什么保持在"绿色区域"内是值得的，他说："这是一个关于值不值得的问题吗？这不过是道德上更正确的行为。就算是对一个陌生人，你也从不会允许自己做出其他表现！"

确实如此。我永远不会允许自己对一个陌生人大喊大叫，因为知道应该对他们友好地说"你好"。我们也不会允许一个陌生人只是因为孩子打碎了一个玻璃杯，或者踢球击碎了一片玻璃，对自己的孩子大喊大叫。然而，很长一段时间以来，许多父母都认为大声、暴躁地训斥自己的孩子是他们的权利。但是，如果孩子们被反复指责训斥，如果他们一直得到一种"你还不够好"的评价，如果他们一直被羞辱和压制，那要怎么形成和发展出坚强的人格呢？

如果我们想要把孩子培养成一个坚强、自由、有亲和力的人，

那么最好放弃指责。

没有指责，孩子可以更好地学习。他们变得更具创造力，更加乐于社交，更加开放，简而言之，他们可以成为那个在他们身体中沉睡的人。

因为对孩子大喊大叫并不是一件小事。这是一个更强大的、更有力的强者在攻击一个弱者，孩子被迫屈服。通常，这个人还是孩子必须信任的人，因为他们必须依靠自己的母亲或父亲，而恰好是这个人对孩子大吼大叫。孩子会变得害怕，因为无法保护自己并且产生彻底的无力感。如果没有人赶快过来帮助孩子，那么他们面对这种攻击是无助的、无力的。也许有人还记得自己小时候受过的责骂："够了，滚出去！""你立刻把它拿开！""你马上给我道歉！"所有这些话，都是对孩子的暴力行为。并且，这些言语暴力造成的伤害绝不亚于身体上遭受的暴力。因此，我们必须改变想法。

儿童心理医生奥利弗·迪尔森说："不责骂自己的孩子是值得的，因为这样你的孩子就可以充分发展自己的才华和天资，成为自己应

该成为的样子。那会是一个更了不起、更富有创造力和更坚强的人。我们需要这样的人才来维持这个宜居星球。"

只有我们感觉得到房间里有只老虎

我们真的很关心自己的孩子。我们努力为他提供一个我们自己从未有过的童年。现在，我们甚至允许孩子每天看两小时儿童电视节目，但当我们想要关电视机的时候，孩子却在发怒，向我们扔遥控器！所以，够了！

我们觉得这样不好，这是可以理解的。孩子必须学到他们刚刚违反了一些社会规则。但是，我们该如何反应呢?

一种可能性是：我们保持冷静。我们谨记规则和约定，同时认真对待孩子的愤怒。我们理解他的感受，并告诉他现在可以做什么："停下来，不要扔遥控器，这很危险！哎呀，我明白你不开心，正在看电视却被关掉这种事情谁都会不开心。但是，我们已经商量好了。看，你今天还可以做点别的事情，要不按照我们之前的约定现在出去转一圈，你可以明天再看电视。"

愤怒、扔遥控器，都是一个冲动孩子的正常反应。电视、糖果、手机游戏……拒绝这些东西对孩子的大脑来说都是巨大挑战。而且，失落感也是一个重大挑战。

通过保持冷静，我们教会了孩子该如何应对这些问题，界限又在哪里，做哪些事情可以没有约束；我们在为孩子树立了如何处理失落感的榜样，并且没有发火。

另一种可能的回应是：我们终于失去了控制。各种各样的想法笼罩着我们的脑海："孩子怎么能这么表现呢？我决不能允许！也许我表现得太软弱了！现在我必须采取行动！"我们会听到自己说这些话："你在想什么？现在，立刻把遥控器给我捡起来，你听明白了吗？" "道歉！现在！立刻！"

也许在这样的时刻我们会认为，如果孩子受到真正的惩罚会更好。无论如何不能再这样下去了！现在必须拉紧缰绳！我们指责、威胁并且失去控制，也失去了与自己、与孩子沟通的能力。之后我们问问自己，是否因为孩子扔了遥控器就必须得发这么大的火。

为什么我们会过度反应

虽然这种反应是可以理解的，但这不是对正常儿童行为的正常反应。我们表现得好像有人威胁到我们的生命一样，像是房间里有一只在威胁我们的老虎似的——与此相符，我们会做出这样的反应。我们可以通过以下迹象辨认出这种过度反应：

» 我们眼前看到的不是一个小孩子，而是一个敌人——我们必须与之战斗的人。

» 我们感到巨大的威胁和强烈的恐惧。

» 我们面对巨大压力时身体上会出现的反应：心脏狂跳、尖叫、呼吸变浅、出汗、肌肉紧张、双手紧握。

» 我们面对巨大压力时心理上出现的反应：不能理性思考，在这之后我们几乎没有对这件事情的记忆，为自己感到羞耻。

» 我们有冲动：这件事情必须立刻停止，我们必须在此刻消除问题，立刻采取行动并获得胜利，否则就会发生糟糕的事情。

» 我们有冲动，想在一个臆想的威胁面前保护自己。

» 我们甚至在有些情况下会有这样的感觉：在这一刻厌恶自己的孩子，即使事实上我们非常爱他。

» 我们问自己，现在是否该采取适当的措施了，用惩罚甚至是暴力的手段。

» 我们甚至认为，孩子需要对我们这样的态度负责，因为是他让我们不开心，让我们发火：孩子是有罪的，并且成为我们的敌人。

老虎不是真的在房间里

这个反应是一种巨大的应激反应。我们必须清楚：孩子也许举止不当，但这绝不是我们感受到的威胁。相反，我们体内与孩子无关的某些东西被触发了——一些特别古老的东西。

没有人想置我们于死地，

但是我们仍有这种感觉。

我们表现得好像是在面对生死攸关的问题。

我们能感觉到不存在的危险。

对于我们的潜意识来说，就像房间里有只老虎，但只有我们自己能感觉到。我们必须与这种威胁做斗争，如果可能的话，要抗争到最后！

如果你有如此巨大的威胁感，那么是个好消息：你可以找出自己真正担心的"房间里的老虎"。而现在重要的是：这种恐惧与孩子无关。孩子并不危险，这不是孩子的错。

通过后面的一些帮助你就可以重新学会把自己的孩子看成他原本的样子：他是一个完全依赖你的小家伙。你的孩子是你愿意去爱、去保护的人，一个想要从你这里学习到如何应对愤怒和失望的小人儿。

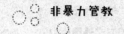

正确的语言如何起到帮助作用

只要我们的孩子还小，用一句刺耳的"你留在这儿，明白吗？"可能会让他们听话，也许他们还能忍受我们过激的长篇大论。但是等他们再大一点，就不会再忍受了。他们首先从内心里疏远，然后就直接从事实上离开我们了——我们再也无法接近他们。许多父母要忍受和自己青少年或者成年的孩子再也没有沟通这样的现实。但是谁知道孩子们可能也受此之苦。

> 与孩子良好沟通的基础，
>
> 要在他们还是孩子时就建立起来。

不断的训诫造成压力

如果家长不断谴责他们的孩子，特别是如果他们对孩子过度控制，哪怕是孩子最微小的行动也不放过，那么孩子会完全不知所措。当孩子不断地听到诸如"坐直！""把胳膊肘从桌子上拿开！""别碰！""现在做！"这些命令时，会陷入巨大的内心焦虑。他的压力系统一直处于活跃状态，他是警觉的,同时又是麻木的,因为他不知道能做对什么。如果压力过大,那么紧张会突然爆发为愤怒、哭泣、沮丧,或者"无缘无故"地打其他孩子。

当和父母们一同做"是!"和"不!"练习的时候(见下页方框),我几乎总是得到相同的反馈:"是"让人愉快,我们感到开放、放松、宽阔、明亮,感到被接受。"不"让我们感觉渺小、黑暗和紧张,我们想离开;我们的思绪飘忽;我们关闭心扉,感到不自在。不断地训诫就像不停地说"不"。谁想一直听到"不"呢?

退回到"精神隔离"

但是,如果孩子无法避开这些"不",那他的内心将会进入流亡状态。儿童精神科医生迪尔森谈到孩子们因此陷入的"精神隔离":

"他们干脆用不听大人说话的方式,保护自己免受羞辱和排斥。当他们的界限不断被践踏,他们就用'我不在乎!'划出新的界限。于是许多父母说,用惩罚的方式教育孩子再也不管用了。"

寻找除责骂、告诫和吼叫外的其他策略是值得的。

只有如此,我们才能与孩子保持沟通,

这带来的回报是终生的。

也许我们经常提醒自己孩子既弱小又无助,但在短短几十年后,我们会变得年老又无助。那时我们希望孩子怎样对待我们?"别弄乱!""快点！""别这么做！"……还是你更期待："我会等你，慢慢来。""没事，我们会解决的！"……

练 习

"是！"和"不！"

如果你只想与伴侣一起做本书中的一个练习，那么就做这个吧。我在演讲时会定期让父母们进行这项练习。父母们总是对练习带来的体验感到惊讶。在这里没有对与错，只有一个值得的经历。

与伴侣一起坐在一个安静舒适的地方。闭上你的眼睛，专注于你的身体。你的脚是暖的还是冷的？肩膀放松吗？把注意力放在你的呼吸上，来，呼吸五次。思绪会潜入脑海——它们会来的，那没关系——让它们继续延伸。

现在，让伴侣用不同的，但是友好的语调说十次"是"。休息一下。然后说十次"不"。感受一下，你的身体内正在发生什么？"是"会让你有何感受？"不"会给你的感知带来什么变化？你什么时候感到轻松和开放，什么时候感到更紧张？

如果有需要，可以交换角色，然后分享你们的感受。

指责和吼骂比打孩子更好?

尖刻的言语，并不意味着父母在平静的时候也不会爱意满满地与孩子相处，包括照顾孩子，安慰他们，并满足他们的需求。这是绝对必要的，因为孩子对事物的感受往往与他从最亲近的看护人那里获得的爱有关。因此，始终让孩子感受到我们的爱是绝对必要的，即使有的时候我们内心很恼火。

有时温柔体贴，有时不受控制

那么，父母温暖体贴的照顾可以弥补他们的指责和吼骂带给孩子的伤害吗? 效果是非常有限的。与失去控制的指责相比，如果对孩子的教育是充满爱的，效果会更好。指责之后再去弥补并不是一种可以长期保护我们的孩子免遭伤害的补偿措施。

一方面，言语暴力会造成与肢体暴力完全相同的伤害。"如果父母不断争吵，不给予孩子爱，而是不断侮辱他们，将他们视为失败者，对他们要求过多或者控制过度，那可能对他们造成与肢体暴力同样的伤害。"来自柏林夏里特的医学心理学研究所的克里斯汀·海姆教授说。

后果通常在之后显现

另一方面，我们冲孩子发火会给他们带来长期伤害的风险。"有证据表明，从长远来看，早期创伤会使压力激素系统长期失调，并增加了患精神障碍的可能性。"海姆教授说。他补充道："虽然需要更多的纵向结果来更加充分地研究此类问题。"

尽管如此，我们仍可确认的是，研究一定会得出这样的结论：必须更好地避免早期压力，否则之后会给孩子带来麻烦。

指责与青春期

特别是在青春期时，我们的孩子会把尖锐的攻击视为对自我价值观念的打击，而不会仅仅当作斥责或是管教。

一项研究调查了近 1000 名年龄在 13—14 岁的青少年家长，他们的家庭来自不同的社会阶层，有着不同的种族背景。家长被问到以下问题：在过去的一年中，如果您的孩子不听话，或者做错了什么，您有多少次：

a）对他大吼大叫？ b）指责或咒骂孩子？ c）骂孩子愚蠢、懒惰或说类似的话？

研究结果表明：在过去的一年中，有 45% 的母亲和 42% 的父亲用以上方式攻击过自己的孩子。研究者在统计分析结果中的不同变量后，发现：

» 当青少年被吼叫、辱骂或者嘲笑时，行为问题的数量和抑郁症状发生的概率都会增加。

» 与没有受到攻击的孩子相比，受到攻击的孩子自我价值感较低。

» 无论父母是否在其他时候对孩子充满爱意，这种不良的影响都会产生。

该研究者总结说："因为他们已经有能力和监护人理性地讨论他们的

行为，所以他们会将大喊大叫和大声斥责视为拒绝和轻视的标志。"这个解释意味着，青少年时期的孩子感到被父母拒绝时，他们会得到一个负面的自我形象，以及更弱的自我控制能力。孩子可能会变得孤僻，不想与朋友沟通，并且更容易在年轻时就变得意志消沉。

那还有别的办法吗？是的，还有别的教育方法：

我们有几种方法可以

打破这种恶性循环。

第一步是我们必须认识到

方法是掌握在我们手里的。

我们如何承担责任

我们现在可以为自己，为孩子，以及为孩子的孩子做出非常大的改变。当某些人在童年时期经常被批评时，当他们经常感到自己什么事都做不对时，当他们不停地被人贬低或中伤时（"你总是……""你从不……""你这个小坏蛋"），当他们被要求做一些他们不喜欢的事情时（"亲伯母一下！""伸出右手打招呼！""要用右手写字！"），当他们的感受被大声地否定时（"没那么糟，不要那样做！"），孩子就会觉得被羞辱了。他们会再度羞辱自己的孩子，因为他们的自尊心非常脆弱。相反，如果孩子感到被接受，那将会产生许多令人愉悦的效果。从研究和日常生活经验中我们知道，这些孩子喜欢以一种温暖和真诚的方式对待父母，他们的行为问题少得多，可以与这个世界相处得更好。

规则与界限

此外，让孩子记住规则和给他们设置限制也是非常重要的。比如："我不希望你把吃的东西扔在地板上。""我希望你能把你的东西从浴室里拿出来，收拾好。"如果我们向孩子表明了规则和界限，他们会更好地听取我们的意见，他们不会感到被拒绝，而且可以认同我们的适当反应。因为倒下的玻璃杯而大呼小叫是过度反应，但如果妹妹不小心掉入水中了，我们应该大声呼救。总的来说，我们应该时刻注意，我们的反应要符合自己的价值取向。

> 我们要给孩子和自己一种感觉：
> 我们都在同一条道路上并且仍在学习中，
> 以及一切都会越来越好的，
> 我们可以做出很多改变。

我们爱自己的孩子，也爱我们自己，为了他们，也为了自己，我们得承认，我们有时候做得很好，而有时候做得不那么好，我们可以创造出一种稳定的自我意识：无论什么感觉都值得被认真对待，无论什么界限都值得被尊重。努力做到这两点，那么我们和我们的孩子，就能成为坚强的、善解人意的和勇敢的人。我们的孩子也会把这笔宝贵的财富传递给他们的孩子。因为在螺旋向下的地方，也存在向上的螺旋。我们可以在当下就这么做。

基本前提——控制压力

许多关于指责这个话题的教育类图书都把重点放在父母学习如何控制自己上面。在我的课堂和研讨会上，家长们对我说，从理论上说，他们很清楚该怎么做，但是在实践中他们还是会失去控制。

所以，我们不会去关注我们到底多频繁地去指责孩子，或者我们吼叫的声音有多大，又或者我们需要多久才能回归理智。让我们看看问题的根源，然后我们从这个根源入手，事情解决起来就会容易很多。生活是可以很轻松的！因此，在这本书中，我们不会衡量对孩子怒吼时你发出了多大分贝的声音，我们也不会计算你吼叫的频率——我们找出这些表现背后的原因。而这个原因就是压力，并且是不同程度的压力。

第一个基础前提：学会说"不"

学会拒绝是我们得以保持在"绿色区域"的基础技能。我们总是会忘记，对一项工作、一个人或者一件事情说"是"，就意味着同时在对其他的工作、其他的人或者其他的事情说"不"。当我们同意为学校烤一个蛋糕时，就是在拒绝和孩子度过一个慵懒的晚上。无论想要什么,我们都必须意识到,自己拥有的资源是有限的。"不是所有在日程表里安排妥当的事情,在实际中都是可行的。"加拿大作家奥里亚·蒙顿·德里默写道。意识到这一点可以帮助我们少一些忙忙碌碌,少一些筋疲力尽,少一些生病抑郁,少一些重重压力。

我们如何更好地学习说"不"

首先要记住的是,我们没有必要成为完美的人。我们可以犯错误,因为我们是凡人,这是可以理解的。我们把事忘记了,好吧,这是会发生的!所以我们没必要现在把自己和孩子都催促得像是赶着上飞机一样,以图快速地弥补过错。我们没有罪过,我们不必弥补。当我们根本无力承担时,我们不必因为同事、老板、家人或朋友有要求,或是我们不好意思拒绝,就帮他们的忙。并且,我们可以自己决定有何种感觉。例如,我们目前在"黄色区域",所以很抱歉,打一个电话这样的事情我们现在无法去做。为了能把一切都做好,我们必须学会友善、同情,但同时会清晰地说"不"。

七种富有同情心地表达拒绝的方式

因为我们只是简单地不想冒犯其他人,或者仅仅不想伤害别人,所以我们应该在拒绝别人的时候也和他们保持沟通,让我们来看看,该怎么做到这一点。

"我的眼睛看到你，我的耳朵听到你"：我们看到别人，理解他们的担忧，但是可能我们确实帮不了忙。当我们的确能办到的时候，我们通常会帮忙。但是即使我们可以帮忙，"只是不想"——这也是我们的权利！他们不喜欢动物园，所以必须得找别人陪着幼儿园小组去动物园。如果他们坚持让我们去陪同，我们要保持友好："是的，我可以想象，这对你来说真的很难。"我们保持同情，但我们也对自己保持同情。这就意味着，很抱歉，我们不得不拒绝。这样我们也学会了对孩子说"不"，而不用在脑海中还做一番斗争。比如这样的对话："我可以看电视吗？一会儿有个很酷的电视节目！""我能理解，你很想看这个节目，但是今天你已经看了足够久的电视了。""求求你了！！！""我听到你的请求了，但是这样是不行的。这个节目到底为什么那么酷呢？""这个节目特别有趣！他们总是能找到些有趣的东西！"……我们可以和孩子保持沟通，然后开始引导有关这个电视节目的聊天，而不是一直用"不！"或"还是不行！"的回应与孩子争执不下。

"思考"：我们总是感觉很慌张，特别是当孩子有什么需求的时候，总是感到压力很大。我们正在整理大采购时买回家的东西，这时，大儿子在身旁，想马上知道周末他五个顽皮捣蛋的小伙伴能不能在家里过夜。我们不想立刻就拒绝，因为在这个时刻下定决心做出决定太难了。于是我们说："我必须考虑一下，一会儿再告诉你我的决定。"这样我们就把自己解脱出来，不必像个机器，被按下按钮就要运转起来。孩子们学习东西非常迅速，成年人也可以学习。重要的是，我们要说到做到，而不是一味地推迟兑现承诺。

"这是一个很棒的提议"：我的孩子们经常说："我有一个提议！"我总是回应："我想听听你的提议！"然后他们就会提出一些非常疯狂的事情，比如在晚餐开始的一小时前去游一会儿泳。我会很诚实地回答："这个主意很棒，我也想现在去游个泳。但是，我们怎么能在一小时内既游泳，又不至于忙乱地准备晚餐，你有什么好主意吗？"用赞同提议的方法，我们可以一起思考，为什么这个想法不能实现，并且有没有可能想出别的方案。

"现在刚好不行"：有些事情可以用简单的话摆平——"现在刚好不行。我目前无法对此发表评论。至少是现在，我无法承诺这一点。"通常情况下，那个请求帮助的人自己也就完成了。但是要注意，孩子们有非常好的记忆力，无论如何他们一定会再回来问你的！

"不"：这是最好的选择。想一会儿，看着对方，然后友好地拒绝。不要为自己辩护，不要推迟任何事情，只是简单、友好地拒绝。

第二个基础前提：注意什么是真的

"有时候我莫名其妙地就火冒三丈，我不明白为什么会这样！"很多父母都这么告诉我。实际上非常简单：没有人会"无缘无故"地发火。通常来说，我们事先就感受到了压力，只是我们自己没有注意到。

所以，减轻压力的下一个基础是关注自己的呼吸。多年以来，我一直在问自己：关注呼吸到底有什么好处呢？我们不是一整天都在呼吸吗？我们为什么应该坐下，然后专注于呼吸？直到有一天，我从一本书里找到了答案：把焦点放在无意识的行为上可以帮助我们的大脑将这些无意识的行为变得有意识。我们整天无意识地呼吸，是因为我们的神经系统在自主控制。如果我们现在突然去关注这个自主运行的动作，我们大脑中的不同区域会联结在一起，这种行为可以被描述为"对无意识过程的有意识识别"。知道这一点是非常有帮助的，特别是在一天中稍晚的时候，也就是孩子的"晚间狂想"开始的时候。因为有压力是一个无意识的过程，我们在承受压力，但是我们感觉不到。"我没有生气！"我们在公寓里大喊大叫，其他人都在纳闷儿，为什么我们就"一叶障目，不见泰山"了呢？

　　这就是我们值得去关注自己呼吸的原因。如果你有孩子，那么你可能很难做到像一些人所说的那样，一生冥想五千小时。没关系，经验表明，每天进行几次有意识的呼吸就够了。重要的是我们必须每天都这样做。

练 习

五次呼吸

　　以舒服的姿势坐着或者站着，呼吸五次。不需要"深呼吸"或把气吸入"肚子中"。你一定不会做错，只是简单地呼吸，然后友好地关注自己。如果你的思绪时不时地徘徊，没有关系，只要继续简单地呼吸就可以了。

你可以在一天中的任何时候做这个练习——无论你是坐在操场上，站在炉子旁，还是在等电话的时候。重要的是，务必每天进行练习。这是连接大脑最有效的方法。

第三个基础前提：习惯的力量

应该怎么做，我们才能让自己变得轻松些？我们一步一步来做，每天只练习一点点。

» 写下你想要改变的事情、你的目标——无论那是多小的事。

» 每天进行特定的练习（比如，五次有意识的呼吸）。

» 记录下，你什么时候完成了这些事情（例如，在日历中标记出来）。成功人士给自己设有明确的目标。要为自己设定可实现的、清晰的、可衡量的目标，这些目标会给你构成一些极小的挑战。这些目标可以很小：如果你有三个孩子，那么每天要观察十次呼吸，并且每周拒绝一次工作或生活上的要求可能就已经是一个挑战了。唯一重要的是，我们设定目标，写下目标，并将其勾画完成。

这真的是非常容易的事情！但前提是，你每天都要练习一点。如果我们只是空想这样做的好处，而不去做，那什么也不会发生。就算我们想在一天内完成所有目标，这也是很难的。因此，让我们从小处开始，并坚持下去。无论是多么小的目标，都在完成后将其写下来，我们就会为取得的成功感到喜悦！

习惯是从实践中养成的

你读的每一本书都可以改变你的生活。但是要想获得结果，你不仅需要阅读，你还必须行动。当我们讨论如何改变自己个性的模式和结构时，问题的重点在于"我们"。只有我们自己才能做到。如果我们每天不去努力克服，那就永远无法改变我们生活中的事情。我们成功的秘诀在于日常的"例行公事"，在于每天的重复。有些人说，想要养成一个新习惯，你必须练习三百次才能让它渗入你的潜意识。这里说的可是持续一整年的每一天啊！但是，根据研究，如果我们有意识地这样做，那么十到二十一天就足够养成一个新的习惯了。

好的习惯常常帮助我们，甚至让我们的生活毫不费力。这就是我们作为父母所需要的。我们在日常生活中有太多的工作，以及各种紧张和压力。现在，我们为自己创造可以轻松实现的目标。我们只需要在潜意识中铺设新的道路，这可以通过日常练习做到。因此，让我们看看，为了让自己在日常生活中留在"绿色区域"，我们可以做哪些事情。你可以在后面几个章节中有更多的了解。

总结

» 在"绿色区域"内意味着，我们不仅要保持镇静，更重要的是与孩子们保持沟通。

» 孩子有能力，但没有经验。他们应该得到尊重，并且和其他人一样，必须受到重视。但是你不需要，也没有必要自己决定一切。

» 仅凭奖赏、表扬或惩罚才能表现良好的孩子，没有学会任何规则，他们只是学会了如何应付规则。

» 如果我们不对孩子发脾气，也不对他们大吼大叫，他们就可以运用自己的潜能发展。

» 当我们在重压下，我们对孩子的态度就像是面对饥饿的老虎的威胁时一样，但那只是我们的孩子，没必要这样。

» 即使我们在其他时候都对孩子非常友善，也无法充分弥补我们的责骂和喊叫给孩子带来的伤害。

» 从青春期开始，孩子们会将尖锐的言语攻击当成对他们自我价值感的攻击，而不仅仅是谴责。

» 如何改变掌握在我们自己手中：我们可以学会设定界限，而不侵犯我们自己和孩子的尊严；我们可以学习主动且富有同情心地拒绝别人。

» 我们可以学习早一些注意到自己的情绪，而不是"莫名其妙"地爆发。

» 正念呼吸练习，例如有意识的呼吸，会重新连接我们的大脑，通常这只需要几分钟。我们要多花时间来关心自己。

6

"出发吧！"

我们如何轻松应对日常生活

许多父母告诉我："每天晚上我都感觉压力特别大！"是的，在与孩子们待了一整天或工作了一整天之后，我们当然都会筋疲力尽。这时候，冷静且有爱心地同孩子交谈比直接冲着孩子发火要困难得多。让我们看看究竟是什么让我们如此疲倦，以及如何使自己放松。

正确地计划,规律地生活

一个成年人每天大约做出三万五千个决定。美国康奈尔大学的研究人员发现,仅仅关于每天吃什么、吃多少和什么时候吃,我们会做出二百多个决定。晚上,当女儿问,明天她是应该穿闪闪发光的红色毛衣还是她更爱的蓝色毛衣时,当儿子拿出手机询问他是否可以再玩一会儿游戏时,我们还同时得决定自己现在应该先去做饭还是先去检查电子邮件——所有这些待解决的事扑面而来,我们当然会觉得压力大。

问题不在于孩子,而是因为我们的大脑已经累了。专业术语称为"决策疲劳"。在这种情况下,我们容易做出错误的决定:吃错东西,看没有营养的电视节目或是——抱怨孩子。

有用的规律生活

许多成功人士都已经意识到大脑疲劳的问题,因此试图通过尽可能少的日常决策来减轻大脑的负担。他们已经找到了减少脑力劳动的方法——规律生活。神经学家格哈德·罗斯在接受《柏林摩根邮报》的采访时说:"大脑喜欢常规安排,因为这样它们工作需要的能量代谢和其他神经元的工作量都会少得多。"我们的大脑甚至会走得更远，它试图尽快将新动作自动化，并且如果这种固定行动被允许，大脑会涌出令人愉悦的信使物质。

心理学家表示，大约 20% 的人对不断的变化有需求。但是大多数人需要熟悉的规律生活才能感觉良好。因此，如果我们想让日常生活更轻松，那么可以立即开始开发有用的例行常规。顺便说一句，孩子们也喜欢常规和相应的提醒，例如："饭前便后要洗手！"

用规律开始新的一天

为了使生活尽可能轻松，我们可以考虑将早晚日程规律化、家庭作业常规化以及清洁规范化，等等。安排有规律的早晨可以这样做：

» 比之前早起十五分钟。

» 站在开着的窗户旁，手里拿一杯热茶，以获得片刻的安静。

» 写下今天要感恩的五件事。

» 摆好桌子，准备好要带的午餐。

» 和家人一起吃早餐。

写感恩日记是让我们的大脑处于积极状态的有效方法。（代替从早上开始就紧张兮兮、草木皆兵的感觉）。

早晨第一件事,我们要告诉大脑,

我们感恩自己的生活和可爱的孩子,

这样我们就会

更放松、更自在地开始新的一天。

之后我们会讲到,如果我们用正面的态度自带柔光地看孩子,这会对他们产生非常积极的影响。

摆桌子或铺床这些常规行为虽然听起来很平庸,但是它们激活了我们大脑中的奖励系统。我们取得了可见的成就,会感觉很好。现在,我们可以放松身心,唤醒孩子们,并与家人共进早餐了。

如果孩子们早晨也有规律,那将会大有帮助,例如:先起床,再上厕所,梳理头发,穿好衣服,吃早餐,装好学校午餐,穿上外套,系好鞋带,然后去上学。

饭做好了!

如果你不想每天早上、中午、晚上都去房间里挨个把孩子叫出来吃饭,那你可以试试买一个酒店里那样的桌铃,或者干脆买个铜锣,再或者试试用吉他弹奏一曲吃饭专属音乐。哪些东西可以帮助到你? 去找一找吧!

用常规结束这一天

如果我们的生活在某些时候总是特别紧张，那么有必要开发能够在这些时刻减轻压力的规律"套路"。在许多家庭中，一到傍晚，就像是开启了一场战斗。这时候，我们也可以设计一个固定的流程来帮助每个人养成习惯：回家，洗手，摆桌子，然后孩子们可以一直玩到吃晚餐。晚餐后，每个人收拾自己的盘子，大人清理桌上的食物，孩子们准备上床睡觉。

常规活动在就寝时也可以提供帮助。有些孩子喜欢长时间坐在马桶上看漫画，还有些孩子则不停地梳理头发或考虑明天要穿什么。明智的做法是事先做好准备：刷牙，准备好明天需要的书包和小背包。完成后，他们仍然可以随他们所愿坐在马桶上看漫画或是站在壁橱前找衣服，直到睡觉。

我们避免犯错和丢三落四的方法

我们知道，在压力之中，我们更容易犯错，因为未激活的海马体根本没有保存我们的短期记忆：刚才我把该死的钥匙放哪里了？孩子居然星期二还有个约会？针对丢三落四或者忘东忘西的问题，我们可以建立使日常生活变得更加轻松的规律：

　　» 为所有东西找到一个特定的地方：门旁或门上挂钥匙的钩子、走廊上的钱包托盘、放手机（包括充电线）的盒子。
　　» 在固定的时间做固定的事情：每个星期一去运动，每个星期天晚上给汽车加满油，每个月底检查账单。

» 记下一切。切勿在未查看日程本并将其记录下来之前答应邀约。如果日程本不在身边，请对方稍后再打过来，提醒我们约定时间，以便将其记录下来。

» 在日程本中记录所有重复发生的事件，例如生日和周年纪念日。

» 用智能手机提醒自己经常忘记的事情：孩子的课外班、与家人共进午餐、有关作业的问题……即使只是提醒孩子午睡，或者准时开始晚上的惯例日程也可以用手机提醒。使用智能手机，就可以把大脑的记忆存储空间留给其他事情。

» 离开家时，请准备一句口诀，以防落下最重要的东西："伸（身份证）手（手机）要（钥匙）钱（钱包）。"或者教会孩子："要（钥匙）饭（饭盒）卡（公交卡）。"这样就永远不会忘带自己需要的东西。

» 列出清单。如果你经常在孩子上体操或芭蕾舞课时忘记带水瓶，请列出上体操或芭蕾舞课时需要物品的清单，并将其贴在门旁边。清单能极大地减轻压力。

练 习

优化日常工作

想一想：在你每天最忙碌的时段，有哪些规律可循？记录下来。

通常什么时候比较难熬？在这段时间内必须做什么？哪个过程最理想？哪种做法可以帮助你？

当孩子还小的时候，你能想到一个适合各种过程的口诀吗？要是诗歌就更好了。

专注，不要一心多用

如果我们想放松自己的大脑，那么还有一件重要的事情：拒绝一心多用，不要同时处理多个任务。一次也不要。这不是开玩笑！为什么呢？因为我们根本做不到一心多用。

同时做两件事只是一个神话，

其实我们不能！

在假定的多任务处理中，我们的大脑只是在两个活动之间快速切换。它虽然在尝试，但是它能做的非常有限。研究表明，经常同时做两件事对人们其实并没有帮助。它会使人疲劳得更快，犯更多错误，而且对成果更不满意。这是因为我们的大脑无法进入我们全神贯注地做一件事时所必需的流程。因此，我们需要专注。

我们应该尽可能不混淆工作，睡前不要把工作带到床上，在陪伴孩子的时候不要玩手机，在工作时间也不要和朋友煲电话粥。

此外，我们还可以安排"组织工作时间"。例如，我们可以在每个星期六的午餐后，或在每个星期日晚上孩子们上床睡觉后查看每周日程。购物、洗车和给花园浇水也可以成为惯例，并且有固定的时间，例如星期五下午或星期六早上。这样，我们的大脑就大大放松了。

练 习

你的固定时间怎么安排?

写下来：我一天中什么时候最富有能量和韧性，而什么时候比较缺乏？理想的一天是什么样的？理想的一周是什么样的？

练 习

避免压力，更好应对

列出那些经常产生矛盾的时间段。在清单旁边写下可以通过改变哪些事情来缓解压力：比如说，早点回家，在中午就开始准备晚餐……

记下定期让你烦恼的"触发器"。在清单旁边写下，如何能够做出不同反应：比如说，离开房间，或者进行深呼吸。被提要求时首先问一问："你是什么意思?"并表示需要考虑时间："我必须先考虑一下！"

列出一份"指责清单"

记录下来指责会在哪些时候开始，早上、晚上，还是下午？在我们家，总是在每天下午六点准时上演"哭泣的孩子"这场好戏，因为这个时候每个人都又累又饿。我花了很长时间才摸索出，必须在六点钟之前让每个孩子都去床上小睡一下，这样我们才不会吵起来。因为在漫长的一天后，我自己无法应付两个难缠的小家伙。

以同样的方式，我们可以列出什么是引发指责和争吵的导火索，经常使我们烦恼的是什么，我们以后如何做出不同反应。

我们如何轻松生活

为了使我们不忘记积极地与孩子互动并经常深呼吸，在日常生活中，我们需要一些小帮手来不断提醒我们。

严厉批评还是举手击掌？

在抚养孩子的过程中，我们必须每天做出决定：现在必须正儿八经地指责孩子吗？还是望着被画满涂鸦的墙，压抑自己的怒火，表现出很欣赏的样子："哇，这虽然不是个合适的地方，但你画的是一件艺术品！"我们的反应与大脑的极化方式有很大关系。提醒自己心怀感恩的小纸条可以帮助我们更加积极地看待生活。

在日常生活中，还有许多其他的机会，能够让我们与自己、与孩子处于一种平和的状态：

» 每天注视一会儿我们的孩子，然后说出来，或者在心里默念：有你做我的孩子真好呀！

» 每天晚上在睡前告诉孩子们他们的可爱之处。

» 还可以每晚对伴侣说，他（她）今天做了哪些了不起的事情——这能促进同理心并减轻紧张感。

» 回顾这一天时，不要再说："本来很好，但是后来在……我表现得很差！"相反，我们要站在自己这边说："今天我虽然在这一点上做得不够好，但至少我……"然后，列出今天可以记录在册的所有的优秀行为。

» 当孩子"搞砸了"时，我们应该问自己，他们行为背后的需求是什么。这会激发我们的同理心。我们不仅看到一个固执的孩子，还看到一个小生命，他正试图（虽然有点笨拙地）告诉我们一些重要的事情。

如果我们采用这些方式，就会很清楚孩子并不想惹恼我们。他是一个孩子，是一个人，他会自我主张，还会对问题进行社会实验："如果我就是不理会你的话，那会发生什么呢？"这很正常。虽然这不是一个让人觉得舒服的过程，但我们都做过。

关键词

关键词可以帮助很多人。它们可以是我们一遍又一遍对自己说的话。我称之为"咒语"，而我的不指责咒语之一就是："我是母亲，我不让自己感到压力。"因为如果母亲或父亲是天下最重要的工作之一（确实如此，我们正在抚养未来的成年人），并且如果压力使这种工作变得困难，那么谁有权给我压力？什么事情会重要到让我如此给自己施压？

我们可以对自己说："数到十！"或"保持呼吸！"我们也可以要求孩子在被骂时说一个关键词，也可以要求伴侣在我们开始责骂孩子时大喊"绿色"，以此提醒自己已经脱离了"绿色区域"。

让我们来寻求帮助。改变习惯很难，我们应该得到支持。

不需要过多的关怀和辅导

这样，我们就来到了问题的下一个重点：不要自己做所有的事情。我们许多人都做得太多了。我们是不是会习惯性地检查家人落下的东西？帮每个人把盘子放到洗碗机中？会不会精心策划每个孩子的生日？或者不停地支援没有自己做好计划的孩子？是不是想把所有事情都记到脑子里，并且试图掌控一切？

虽然我们可以坚持认为自己做的事情是无可替代的，我们的安排绝对完美，甚至我们在为每个家庭成员牺牲自己，但这确实使人筋疲力尽。如果我们不想继续用发脾气和指责的方式抚养孩子，就必须做出一些改变。

如果先前的认知导致我们总是做超出自己能力范围的事情，那么现在，我们可以做出一个决定：我们要停止过度关注和大包大揽。就从现在，从这里开始。这种习惯虽然不会立即停止，但是我们正在迈出退出旧习惯的第一步。

练 习

我在哪些方面做得太多?

列出那些你总是过度关心，但是并没有必要做的事。你在哪些方面过度追求完美了？哪些事情是别人也可以做的？你又做了哪些本可以不做的事情？

看看这个清单。通常，我们会试图做超出我们能力范围的事情，因为我们想要被爱。如果我们从小就被教导，取得某些成就或表现良好就特别值得被爱，那么作为成年人，我们仍会以这种方式寻求爱和认同。

我们是因为我们是谁，

而不是因为我们所做的事情被爱。

我们不必赚取爱，

我们可以顺其自然。

我们可以拥有正常的界限并捍卫它们。我们可以大声说"不"。我们可以期待，即使我们并非一直都在做事，即使我们并不完美，即使我们并不总是友善，也会被爱。

当然，这并不意味着我们不做任何事情，但是我们可以而且不必做所有事情。

自我关怀

父母必须照顾好自己。关于这一点,我是认真的。为人父母是一项极为重要的工作。如果我们想把它做好,就必须和对待其他工作一样认真。最重要的是,这意味着我们也要好好关注自己。如果我们睡得太少,吃不健康的食物,忽略自己的爱好或者不再有自己的交际圈,那么就无法长期处于舒适区域。

> 认真地关怀自己,
>
> 就好像生存依赖于此一样。
>
> 因为实际上,
>
> 你的生存的确取决于它!

持续性的压力会加速人的衰老,让人生病、早逝。此外,这可能还会波及我们的孩子,因为我们同样也使孩子处于压力之中,长此以往,会给孩子留下不好的生理遗传因素。这真的很不值得。

因此,将自我关怀设为绝对优先级别吧。你今天早上有两个小时的空闲,想泡个澡吗?别客气!这不会打扰任何人!你需要保持有规律地运动吗?孩子足够大了,可以让别人代为看管他了。把钱投资在保养自己上面吧,不要总是浪费在网购一些七七八八的东西上。

如果你觉得自我关怀是一件困难的事情,那么应该定期地进行"同理心"的正念训练。站在自己这边,这样你就能够更轻松、更不费力气并且更长时间地停留在"绿色区域"。你和你的整个家庭都会从中受益。

水杯,窗户和自我

关注自我始于日常事务。有许多日常方法可以帮助自己克服压力:

» 喝点水。

» 双手合十。

» 在难熬的日子里,将耳机塞入耳朵,多听一会音乐。虽然仍会听到孩子的声音,但声音却不太大了,这可能会有助于减轻压力。

» 站在开着的窗户旁,呼吸五次新鲜空气。

» 家里常备巧克力、精美的茶具或其他任何能让你感觉幸福的东西(即使只是替代品,也比责骂孩子要好)。

» 给自己买一把舒适的扶手椅或是吊床,使自己能感觉到:"它们帮我分担了重量,我可以放轻松。"

» 准备一个握力球,这通常有助于消除急性的压力爆发。

» 随处放置些有趣的卡通漫画,这样大脑就不会忘记幽默。

» 在此期间,收听有趣的广播剧或音乐。

"我还好吗?"——给正念初学者

美国神经心理学家里克·汉森在他的《佛陀的大脑》一书中写道:"当今生活的快节奏让我们经常不得不打开自动驾驶模式,忙碌地多线并行工作，接受数字化的、超负荷的信息、各种刺激，以及满负荷的工作计划，这些都给我们的大脑提出了过高的要求，让它不堪重负。"

这里的关键词是"自动驾驶模式"。当我们整天都在重重压力中挣扎时，通常来不及考虑自己到底在做什么，只是按照事先的安排和任务清单来机械地工作。如果我们疏忽了什么，就会开始抱怨。为了解决这个问题，我们需要学习从"自动驾驶模式"转向"正念模式"，也就是学会有意识地关注当下的一切。

暂停一下

开始正念练习的最简单方法就是，每天按几次"暂停键"，每次持续六十秒，并问自己："我现在感觉如何？"作为父母，我们应该养成摆脱自动驾驶模式的习惯。暂停一分钟就足够了，注意自己的呼吸并感受：我的身体现在感觉如何？我的心脏跳动有多快？我的肩膀是紧张还是放松？我该怎么呼吸？最后，我们为完成这次正念练习感谢自己并继续前进。

建立内心帮手

我们都需要帮手。如果没有人可以帮助我们，没关系！我们可以在自己内心塑造一个帮手。我们的大脑是区别不出来的。

如果我们已经习惯很少从外界获得支持，那么可能一开始学习支持自己会感觉很难。假设我们正在指责孩子，然后可能会听到一个内心的声音（或许是来自我们的童年），它说："你又失败了。"这么做不会让我们多花力气。所以，我们需要一个站在自己这边的帮手。

125

练 习

同理心

舒服地坐着或站着，聆听五次自己的呼吸，从头到身体进行更新，感受呼吸让你的腹部如何运动。现在，想象一下你最近赋予了同理心的某个人。也许是一个病人，也许是哭泣的孩子或电影中的角色。感受我们的内在。这种感觉如何？你的胃、心脏和呼吸感觉如何？你在哪里感觉到了同理心？你的胸腔会膨胀吗？你的内心会温暖吗？现在，我们正在把大脑中负责同理心的区域互相连接起来。稍微享受一下这种感觉，沉浸其中，将其尽可能保持约十二秒（这个时间很长，请尽量做到）。

现在想想你的孩子，富有同理心地想你的孩子，想想你安慰他，或他紧贴着你身体的情景。享受这种亲密。

现在，迈出关键的一步：想想自己，也给自己这份同理心。怀着爱意抱住自己，或者把自己当作小孩，对自己说："一切都很好，我在这里为你服务。"享受这一刻。

令人高兴的是：

我们可以自己建立一个内心帮手——

瞬间我们就自由、自主了！

如果下次我们做了一些让自己感到羞耻的事情，那么就让我们开始做"同理心"的正念练习，让我们站在自己这边。你可以试试，友好地告诉自己内心那个大喊"你又失败了！"的声音："信息收到了，谢谢。"然后拥抱自己。一点一点，一步一步，你会在大脑中感受到一条新思路：我站在自己这边，我能照顾好自己，我会帮助自己。

寻找外部帮手

不管怎样，我们都可以在外部世界中寻求帮助。我在所有给父母写的书中都会提到，为了养育孩子，我们需要一个村庄，需要一个集体。

我经常得到这样的反馈："是的，但这在我们生活的环境中不可能实现！"无论如何，尝试保持开放的心态，时常询问打听。在柏林市中心、圣地亚哥郊区、宁静的南塞舌尔岛，以及波恩西边的小村庄中，我和我的孩子都找到了集体。你也可以做到！

接近他人，给予并接受帮助。与他人聚会，一起探索周围环境，一起做运动，一起打扫卫生，一起烹饪美食和庆祝。

接受别人说"不"，但不要放弃。因为作为人类，一直以来我们都是这样做的。这是我们的本性。有时需要一些克制和努力，但找到集体却可以大大减轻我们的负担。

练 习

给予并接受帮助

坐下来放松一下，感受自己的呼吸，通过观察一段时间自己的呼吸，将注意力从大脑转移到身体感知上。现在开始回忆，自己上一次真正享受帮助某个人时所付出的努力和喜悦是什么时候。那是一种怎样的感觉？是一种明亮的感觉，一种发麻的感觉，还是情不自禁想要深吸一口气？回忆那个场景和时刻也许会让你微笑，你看到对方有多高兴了吗？这种感觉是怎样的？感受这些回忆给你的身体带来的变化。

接下来，想象一下自己正在得到帮助。感觉如何？

享受给予和接受帮助的感觉，因为两者都很棒。请记住，他人也很高兴能给予你帮助，并且从你那里得到帮助。考虑一下在一天中你可以在哪些方面提供帮助或得到帮助。

应对冲突局势的明智之举

在不同年龄段，我们的孩子会喜欢扔不同的东西：遥控器、积木、鞋子或者食物。我们应该如何回应，他们才会愿意听？

为此，我们必须弄清楚一件事：面对生气的孩子，没有什么应对方法是"生物学上有效的"或"符合天性的"。我们与孩子交谈的方式，更多地取决于我们认为孩子有何种形象，而不是实际情况。

和善的目光和适当的回应

但是，如果我们依照符合天性的教育原则应对孩子的各种行为，即认为"总的来说，孩子是想合作的"，那么我们就可以用和善的眼光看待孩子。相比于认为孩子"本性顽劣，我得好好教育教育你"这一想法，如果我们从"孩子想合作"的角度出发，并且认为他们仍处于一个学习过程中，且需要帮助，那么我们就会有完全不同的回应。

孩子应该帮忙，但是他没有帮。在这种情况下，我们应该记住：孩子想合作。但是此刻，另一种力量更强大（也许是他太累了，也许是反应迟钝了）。我们现在可以通过指责或抱怨使孩子承受压力，我们也可以通过攻击孩子来缓解自己的压力。

> 但是，如果我们以暴力取胜，
>
> 就不是在认真对待孩子，
>
> 也不是认真对待自己。

另外，我们可以保持沟通并开诚布公地说："我知道，你现在更想读漫画，我理解，因为一天下来我也很累。"现在，我们已经建立了沟通。孩子不再是坏人，而只是一个有基本需求的人。我们甚至可以舒服地坐在沙发上，感受坐在这里是多么惬意。孩子当然不想起来！但是必须得有人做晚餐。所以我们可以说："我的肚子在咕咕叫。我也不想起来，但是，来吧，我们必须做饭了。你可以帮我吗？"

比起气冲冲地抱怨，我们用这种方式认真对待孩子，他们再次与我们合作的可能性会更大。

如果孩子没有同理心，那可能是由于年龄太小（六岁以下的孩子仍需通过练习培养同理心）、太累或者是对我们最近的争吵感到恼火。我们必须与《无条件养育》一书的作者艾尔菲·科恩一起反思："也许孩子拒绝执行你要求他们做的事情，问题根本就不在于孩子，而在于你的要求。"

孩子摔东西。 我们要说出自己对此的想法，如果不知道如何处理，请首先确保孩子的安全。"停下来，这样会把它弄坏的。我知道你很生气，因为你不能继续玩了，我能理解。但是，我不希望这个东西在屋里飞来飞去。如果你想的话，可以坐在沙发上待一会儿或到外面跑一圈。"如果孩子不断摔东西，我们要么把东西拿走，要么把孩子带到安全的地方。

孩子在超市里大喊大叫。给孩子机会，让他帮助我们购物。"停，我不喜欢你在这里尖叫着跑来跑去。你想为我们挑选一些红苹果吗？"

孩子拒绝穿鞋。解释情况并给孩子一个选择。"看，外面下雪了。我可以带你去玩雪，但是今天早上我很着急。下午我可以带你试试光着脚在雪地里奔跑的感觉。现在，你要穿蓝色的鞋子还是棕色的？"

孩子打了别的小孩。我们要了解行为背后的需求，教给孩子同理心并帮助他解决冲突："停，我不希望你们互相冲撞。告诉我发生了什么。"我们要学会倾听："好的，我听到了你的解释。看，安娜哭了，你们不能继续这样玩闹。想想我们怎么做，才能让每个人都能推着婴儿车玩？"

孩子把东西扔出婴儿车了。我们要先声明我们不希望发生这种事情，并提供另一种选择。"我不希望你把它扔到地上。不，我不会再帮你捡第五次了。今天不会再把这个给你了。你很无聊吗？看看那边的鸟，我们要去那儿吗？"

孩子不让我们打电话。如果我们打电话期间孩子总是说个不停，我们要询问这种行为背后的需求，例如："你这样我没法打电话。我知道现在应该是陪你的时间，但是这个电话非常重要，否则我也不会这样做。我打电话的时候你想干点什么？想听广播吗？"

孩子没有遵守约定好的事情。我们要向孩子说明，遵守这个约定对我们来说有何种意义，以及如何改正。"我需要用平板电脑来导航，但它现在却没电了，我很生气。我们说好的，你用完之后要记得充电。我希望你遵守我们的约定。现在，请你给平板电脑充电，我可以先把手机借你用一用。"

孩子回来得太晚了。坦诚地说出我们的感觉，但也要承认，孩子还在学习的过程中。如果有什么后果，比如家人已经吃完饭了，我们要指出来，但不要因此惩罚孩子。"我知道有时你会忘记时间，但是我们真的很担心你，而且现在仍心有余悸。我希望能够信赖你。下次记得看表或让别人提醒你时间。我们已经吃过饭了，你自己吃些面包吧。"

如果我们的反应与想法不同

但是，当孩子们毫无顾忌地发火，而不是友好地接受我们的提议时，我们该怎么办？

我们要保持冷静，留在那里，确保没有什么损坏的东西，孩子不会伤害到自己或他人。我们要明确地设定限制：你不允许斥责我，也不能伤害我。但你可以表达你的情绪——我们也可以这么做。我们等待，直到孩子再次平静下来。只有让他好好抱怨一通，哭诉或者发泄完，我们才能好好和他谈谈到底发生了什么。

用"你需要什么？"代替"停止！"

漫长的一天过后，我们在厨房做着晚饭，孩子在旁边一边写作业一边大声唱歌,这时我们当然可以说一句:"别唱了,你打扰到我了。如果你想边写作业边唱歌,那就去书桌那边写。如果你想和我在一起——我当然也同样想——那你就别唱歌。我今天很累……"

但是有时候这样好好说话却根本行不通。那我们可以直接问孩子,他们需要什么才能和平地继续这一天:"孩子们,你们要怎样才可以让我安心做饭?你们要怎样才能乖乖地和我一起预约看牙医的时间?你们要怎样才能与我们好好地一起吃顿饭?"你会为他们机智的回答而感到震惊!

以最好的想法为出发点，发觉身边的好事

我们的大脑喜欢往坏处想。我从我的作家同事朱莉娅·迪伯恩那里学习到，从最好的想法出发，要聪明得多。厨房里怎么有吵闹声？也许有人已经摆好桌子了。婴儿房里这么安静？也许有人会给我画一张画。我们不应该有意地想"抓住"孩子在做什么不好的事情。相反，我们要向他们表达这种看法：你是一个优秀的、可以合作的伙伴。如果你偷偷在做某事，那肯定是一件好事！

具体来说，如果厨房里有声响，我们的确可以往坏处想，失望地走进去然后对孩子抱怨："好吧，每个人都饿了，但你只为自己做了面包。"不过，如果我们这样说话，孩子会觉得丢脸，觉得我们是在羞辱他。这样会让我们和孩子失去沟通。对于亲子关系来说这是毒药，是一个大写的"不"。之后孩子会学会，避免让这种情况再被发现。

取而代之，我们可以说："哦，你给自己拿了个面包，我还以为你在给大家布置餐桌。你是对的，现在该吃晚餐了，我们要一起摆桌子吗？"

这种说法使我们的孩子可以自由学习而不失面子。我们要与孩子保持沟通，我们向他解释我们对他的实际期望，但并不要求完美。

一起练习，从小开始

如果我们在孩子很小的时候就和他们一起练习，可以节省很多时间。甚至很小的孩子也可以学习用关键词来提醒父母不要责备自己。

我们甚至可以告诉孩子，在快要发火时，可以摔打枕头或坐在地板上。在冲突中，我们可以减少对对方的羞辱、威胁和指责，而更多地谈论自己的感受。我们可以一起寻找解决方案，这会产生奇妙的效果，一段时间后，孩子们可以自己提供令人难以置信的具有创意的解决方案。这会让你感到惊讶。

未雨绸缪

此外，在事态恶化之前与孩子们讨论规则和愿望也很有帮助。

» 孩子们应该立刻在餐厅里坐得端端正正吗？你可以建议孩子们先安静下来，然后一起讨论餐厅礼仪。

» 如果孩子们经常在儿童乐园吵架怎么办？在他们跳入沙坑并开始玩耍之前，提醒他们，该如何友善地向别人要沙滩玩具。

» 如果孩子们在睡前会嬉戏打闹怎么办？你可以提议，要么现在立刻结束游戏，然后有时间准备睡觉；要么现在继续玩，但之后，要快点做好睡觉准备。

描述现实情况

正当我做晚饭时，女儿走过来，求我快点帮她把水壶从书包里拿出来，然后我就向她描述了我现在的状况："我很乐意帮你拿水壶，亲爱的，只是我正在做晚饭。等我烤上蘑菇，摆好桌子，烧壶茶，点上蜡烛之后，就可以帮你拿。"这样就表达得很明显，虽然我乐意为孩子服务，但是现在我还有其他事情要做。此外，用这种描述事实的方法和孩子对话，还可以向她讲解晚餐必须要做哪些准备。我把选择权交给了女儿。如果她着急，她就会自己拿水壶；如果她很累，没有自己去拿，她也知道，一旦晚餐准备好了，我很乐意帮她的忙。

指责的替代方案：三个规则

与往常一样，我们希望尽可能让事情变得简单。因此，我们从三个简单的规则开始。这些规则可以在日常生活中帮助我们，即使在就要失去控制的时候，也能够不去指责孩子。

规则一

保持冷静。这是帮你看清到底发生了什么事情的唯一方法。一旦感到激动，你的视野就会变窄，思维就不再正常工作，也将无法再站在客观角度审视情况。另外，如果我们自己不冷静，就无法使别人冷静下来。我们所有人都必须认识到，有些情况的确让人恼火，但并不是世界末日。

规则二

保持沟通。你必须有同理心，孩子也会从父母那里学习如何建立同理心。因此，我们要反映出孩子的情况："是的，你感觉……我也知道，我可以想象……现在你真的很无聊。"我们要去感受孩子的感受，不能由孩子自己决定所有事情，确实会让他们感到烦躁。

规则三

为孩子提供替代方案，而不是谴责他们；教孩子弥补错误，而不是惩罚他们；给孩子具体指示，而不是羞辱他们。比如，"你可以自己决定穿哪个颜色的毛衣。""你可以决定我们带哪种面包。""现在请把楼梯打扫一下，然后要注意，下次要在门口把自己的鞋子清理干净再进来。"

孩子们向父母学习

请记住，孩子身上是没有按钮的。也许孩子不会立刻接受我们很好的新观点，即便从教育学的角度来说，我们已经生动形象地向他们表述了这个观点。但是从研究中我们知道，如果父母用和平的方式解决冲突，给孩子树立了榜样，那么孩子在之后与同龄人的交往中，也会采取这种方式。孩子距离完全独立有很长的路要走，但是帮他们走得更好值得我们付出必要的耐心。

总结

» 家庭日常生活是很辛苦的。节奏和规律可以帮助我们减轻繁重的家庭生活负担,同时减轻大脑的负担。

» 在日常生活中运用关键词刺激法,可以让我们想起自己完全可以放松身心,并且提醒自己,孩子是多么可爱。

» 少量的正念练习和冥想有助于我们增强大脑的"良好回路",并减少负面冲动。

» 我们对他人的不同印象,会在很大程度上影响我们对待他人的态度:如果我们认为孩子是好孩子,并且认为孩子想要把事做好,那么我们就会更加积极地看待孩子——研究证明,这样做是对的。

» 如果我们比孩子早一步(尽早练习,做预防性的游戏,或者陪孩子玩耍),那么可以缓解许多日常冲突。

» 以下三个规则可以帮助我们避免指责:保持冷静,不要激动;保持沟通,不要冷落;提供替代方案,不要惩罚。

"玩耍代替吵架!"

解决冲突的创意想法

会有这样的时刻：我们无法和孩子沟通了，我们也不想再说下去了，因为不管说什么，孩子就是不听。刷牙、整理房间、关闭电视……我们已经说了无数遍。当语言无力时，那就该尝试用幽默和游戏的方法了！

为什么孩子有时会封闭自己

电视记者汤姆·弗里德有一次对我说："最被低估的人类特性是游戏。"他可能说得很对。如果我们想要用游戏的方式来解决冲突，那么应该首先用它来解决家庭日常生活中最困难的问题。

经典冲突场景

"你怎么又和我犟起来了？"这个问题不仅让人觉得丢脸，而且毫无用处。孩子们不是犟，他们是把自己封闭起来了，因为他们试图贯彻自己的决定，因为他们不理解我们的规则，或者看不懂我们到底想从他们那里获得什么。家庭冲突最常见的场景是：

» 穿衣服、脱衣服、刷牙、梳头发、洗头发或者洗澡

» 出门、回家

» 分享玩具、等待、让大人说完话

» 整理房间

> » 看电视

> » 吃饭（和家人一起用餐的时间）、吃甜点

> » 睡眠（自己睡觉，安稳地睡觉）

> » 一起做决定

我们应该明白，这其中的许多要求对于孩子而言可能确实很困难。许多孩子会在两个场景的过渡环节遇到困难，比如，穿衣服、脱衣服、出门、回家、起床和入睡。事实上，孩子们需要到上小学的年龄才能完全掌握这些困难的过渡环节。重要的是，家长们要知道这是完全正常的。只有我们更好地、更有爱地指导孩子，才能更早地让他们学会。

需求和榜样

就卫生方面的事情而言，我们作为家长应该问自己：什么是真正"必需"的？许多家长要求孩子必须每天晚上洗澡，尽管研究早已证明，过度的清洁会损害皮肤的保护性皮脂膜。如果孩子自己早上穿衣服有困难，为什么不让他们晚上穿着干净的衬衣睡觉呢？这样第二天早上，他们自己套上裤子和毛衣不就好了吗？洗头发到底需要多频繁呢？也许洗头发的时候可以给孩子带一副潜水眼镜，或许剪个短发对于讨厌梳洗的小家伙来说是个更好的主意。

在看电视和吃甜食方面，我们应该清楚，不是我们说什么，孩子就做什么，而是我们做什么，孩子才会做什么。当有父母问我，自己四岁大的

孩子吃太多薯片该怎么办时，我心想："如果你认为吃薯片是不健康的，那为什么家里会一直有薯片呢？"如果我们每次和孩子说话时都在看着手机，那如果之后孩子也这样做，我们没必要感到惊讶。

权力与无力

基本上，父母和孩子的处境都会很快陷入权力方与无力方的对阵。因为无论如何，父母都会为孩子在生活中的很多事情做决定，所以许多时候孩子也想为自己做决定——那他们最好可以为关于自己身体的事情做决定，或者为那些我们想让他们做的事情做决定，比如说，自己穿衣服。

如果我们现在固执己见，那可能会持续性地破坏我们和孩子之间的关系。比如，用暴力强迫孩子刷牙，这对孩子来说是如同噩梦般深感无力的经历，而且是有关自己身体的事情。这种干涉是不应该发生的。

> 如果我们用做游戏的方式，
>
> 解决这种权力与无力之间的落差，
>
> 那就不会伤害孩子的尊严和我们自己的尊严了。

准备说"是"的环境

根据斯科特·诺埃尔的理论，如果我们能够营造一个说"是"的环境(也就是肯定的环境)，而不是一直说"不"(一直拒绝孩子)，那么我们的生活将会明显地变得更加轻松。我们要给孩子清除所有的危险，把易碎的、易坏的，或者孩子不应该拿到的东西收起来，让这些危险物品远离孩子的活动范围（理想情况下也别让孩子看到）。这样做会为我们避免很多发生冲突的可能。要清除所有这些东西吗？是的，如果你想让自己的生活变得轻松，那么请务必清理掉所有的障碍。毕竟这只会持续两到三年，之后你就又可以把心爱的唱片放到原来的位置了。

对于大一点的孩子，他们不会按照我们说的去做，而是按照我们做的样子去做。如果我们不希望孩子们吃工业制造的零食，那就不要买，或者只买一点点，也可以只在特定的情况下买。如果认为孩子不应该一直捧着智能手机玩，那我们可以这么做：在走廊上放一个筐子，当大家回家时把手机都放到筐子里。除非有明确使用手机的原因，否则其他时间手机都放在那里。也许我们可以设立无手机区域，这样我们在吃饭或玩耍时就不会一直想去瞥一眼手机屏幕。

游戏释放压力

通常来说，家庭生活的方方面面由成年人来做决定。但是，重视与孩子之间建立纽带的，以及试图与孩子平等沟通的家长，一般会通过让孩子一起做决定的方式来尝试"放权",弱化自己扮演的如同狼群领袖般的角色:你想要蓝色的裤子还是红色的?喜欢草莓酱还是蜂蜜?你是想去奶奶家还是去日托所?大部分时间,这样的沟通方式都会很顺利,直到下午五点左右。这时,孩子已经筋疲力尽了,所有事情在他们看来都是错的,更别说还有许多问题等着他们。现在把决定权交给孩子,只会让他们更加沮丧。怎么做孩子都感觉不合心意,他们不断地改变主意,对任何事情都不满意。

当孩子不再配合时,一些父母会转而尝试和他们讨论:"为什么现在不想刷牙?看呀,这牙刷这么好看!"或者他们试图解释:"你必须在汽车上系好安全带,看,如果发生事故的话,那么会……"

我们为孩子提供二选一的选择。我们描述出自己的感受,也说出我们所看到的孩子的感受。这是很棒的方法,也是专家们和本书推荐的方式。通常情况下,这样做也的确很好用。如果孩子的状态是精力充沛且清醒的,那你们可能会有不错的沟通。但是,如果孩子今天被迫过于频繁地和家长合作,如果他累了、饿了,或者处于反抗状态,又或者情况让他进退两难,那么通常就会发生冲突了。

在这种情况下发生冲突是难免的,所以,一些决定我们必须帮孩子做,比如,在汽车上要系安全带。同时,我们要时不时地意识到,孩子与父母一起生活,就像和两只狼王同处一个屋檐下,他们一定也觉得费力。照顾彼此的感受,会让自己和孩子都感到轻松。

那么我们能做些什么?一种办法是,用游戏的方式解决因力量不平衡、利益分歧或挫败感而引起的冲突。阿莱莎·苏尔泰在她的书中写道:"游戏创造了亲密关系，亲密关系解决了冲突。""事实上，大多数教育问题都可以追溯到孩子的孤独感、无力感、不安全感和恐惧感。……与孩子一起大笑和玩耍可以解决许多教育问题。"

在进退两难的僵局中和争吵的时候，
我们应该永远记住：游戏有神奇的作用！

游戏的迷人之处是，我们总是可以随时随地开始游戏，这不花一分钱。而且没有一个孩子不会因为听到一个认真的游戏提议而激动兴奋的，无论是在浴室里、汽车里，还是在森林里。

经典案例解决方案

很多父母都遵循着"必须要做的事情，就必须得做"① 的准则，并且往往很奏效。孩子们被清楚地告知"该怎么做"，然后采取与之相应的行动。但请注意：这个方法对一个孩子有效果，并不意味着它对所有孩子都有效。对有的孩子来说，自主格外重要，以至于他们宁愿选择与父母抗争，也要自己决定；而对有的孩子来说，和谐是如此重要，所以他们欣然接受父母的提议，把自己的自主权放置一边。这与教养无关，而与性格有关——这是我们父母无法影响的天性。

有时候我们不得不强制贯彻自己的想法，因为我们既没有力气，也没有时间寻找别的办法。但只要我们与孩子保持沟通，他们通常是可以接受我们的想法的。然后我们可以说："我知道你想要自己穿衣服，但是我们必须去赶火车，所以现在由我给你穿衣服。当然下次你可以自己穿。"

---

① "Wat mutt, dat mutt"，德国谚语。——译者注

当事情进退两难，或者孩子在下午五点左右"合作配额"用尽的时候，再或者，当我们自己没有精力来有意识地避免这种并非势均力敌的关系时，通过游戏来解决眼前的问题总是个好主意。在下面几页，你可以学到一些解决经典冲突案例的好方法。

在汽车座椅上系安全带

在德国，汽车行驶时，车上所有人都要系好安全带。很多小孩不理解这个规则。他们经常会拒绝，但基本来说他们的反应是可以理解的：开车并不是符合人类天性的交通方式。坐在由硬塑料和聚苯乙烯制成的毫无生气的硬壳里，没有尽头地望着灰色的汽车座椅靠背，从生物进化的角度来看，对人类来说是一个非常新的状况。尽管两岁的孩子在骑马的时候会立刻意识到要紧紧抓住缰绳，但是在汽车里的危险对他们来说就非常抽象了。所以有些孩子会在车里声嘶力竭地吼叫，直到自己嗓音沙哑，父母神经紧张为止。这种场景的解决方案可以是：

» **建立一个伙伴**："你看，毛绒玩具（外星人，或者消防员山姆先生）想扣上安全带，你可以帮他系安全带呀。"

» **加强引导**："毛绒玩具希望你也系上安全带。"

» **让孩子们自己动手系上安全带**：这需要时间，但这是有用的，我们要花时间来赢取更多的时间。

　　» 胡闹游戏: "这里没有人系安全带!绝对不行!反正我们也不想走!你想立刻松开安全带吗?"

　　当局面完全陷入僵局时,我们可以做一些需要顺带系安全带的游戏。比如说,我们扮演消防队,现在需要去救火——在我们玩这个游戏的时候,必须所有人都系上安全带。这些游戏的目的在于,让大家的关注点远离矛盾中心,重新聚焦在一起玩耍的开心事情上。

刷牙

　　让你的孩子,甚至是你的伴侣来帮你刷一次牙。你的感觉怎样?会让人觉得愉快吗?你会有掌控感还是无力感?

　　刷牙会迅速地演变成干涉和侵犯行为,并且在很多家庭中会直接导致冲突。对于刷牙这件事情,有的家长会简单粗暴地"贯彻"行动,也有的孩子总是会配合。但是,对于那些意志力特别坚强的孩子,我们只能在这场冲突中甘拜下风。所以,更明智的做法是:不要激化矛盾,而是花一些时间和精力来建立亲密关系。

　　当然,我们可以首先尝试经典解决技巧:解释、示范、买一个漂亮的电动牙刷、给孩子看与刷牙有关的画册、演示给动物刷牙、换个地方刷牙、让别人帮忙刷牙、在刷牙的时候大声朗读,等等。从游戏的角度来看还可以增加一些方法:

» **一起唱一首刷牙歌**：可以随意地改编歌曲。

» **抓细菌游戏**："等一下，我马上就抓到它了！可恶！它跑到上面去了。现在又到下面了。但是现在！哈哈！我抓到它了！"

» **找食物残渣的"胡闹游戏"**："啊，今天找到了面条，还有……等下！这个是……黑芝麻？有黑芝麻吗？让我再仔细看看……哦，不是的，是火龙果籽！"

» **禁止刷牙**：当孩子仍要刷牙的时候，我们表现出愤怒。

» **让孩子给我们刷牙**：我们在这个过程中一直抱怨。

如果在卫生间里有任何难以解决的情况，只要一个技巧就能帮助到你——放手。几天不刷牙或者四个星期不洗澡，孩子也不会有致命的危险。是的，这里确实写的是"四个星期"！什么都不会发生的，我保证！

> 放开手，满足孩子的愿望。
>
> 土地上一定会长满茵茵绿草，
>
> 就算我们拔苗助长，
>
> 它也不会长得更快。

当局势平静下来后，我们再重新和孩子沟通这些有争议的话题。我们之前施加的压力越小，现在做得越少，就越有可能和孩子达成合作。为了让合作重新开始，游戏是最好的方式。

入睡

让孩子睡觉是运用"胡闹游戏"的经典场景："今天只有成年人上床睡觉！这里没有人睡觉！""不允许穿睡衣！你想把上衣交出来吗？"同样，在睡觉之前做一个正念游戏也是很有帮助的："来，让我们安静地躺下来，静静地听听有多少只鸟儿在鸣叫，有多少辆摩托车在路上行驶，我们是不是能听到邻居家狗叫的声音……"

安静和专注能够帮助我们释放一天的疲惫。对于入睡，我的祖父有个很好的主意："最先入睡的孩子要吹口哨。一定别忘记睡着时吹口哨！"脑科学家如果知道了我祖父的方法，也会赞许地拍拍他的肩膀：将注意力集中在不要忘记自己睡着，会让我们的身体感知更加敏锐，并且阻止我们去想象床底下的怪物。

晚上晾衣服的时候轻声唱歌，并且让孩子在旁边注意听你唱的是什么歌曲，也会达到类似的效果，大多数孩子在这个时候就睡着了。

我们必须出发

准备出发的时候是家长和孩子之间常常爆发冲突的时刻。早上从家里出门，放学时离开幼儿园，或者从游乐场回家，去朋友家或者从朋友家离开——在许多家庭中每到这种时候都会伴有争吵。我们都读过一些育儿指南，里面会说，变换地点的时候家长要提早通知孩子，孩子需要时间和自主权，也许还需要一些仪式感，比如唱一首歌。但是有些时候这些建议都没有帮助。在这种时候唯一有用的就是游戏。我们可以直接把领导权让给孩子："我们现在必须出发了。'我们'是谁？"我们也可以自己发明一些小游戏。

有一天下午，我和孩子们从游泳馆出来，我们都又累又饿。在走去停车位的路上我稍没留神，孩子们就已经飞奔向旁边小操场上的攀爬架了。但是因为孩子的爷爷奶奶一会儿需要我们共用的小汽车，我没有时间让他们在那儿玩耍。所以我向孩子喊道："拜托，我们必须得出发了，赶快过来！"他们没有反应。我知道，我现在可以尽情地责骂、吼叫——因为他们太累了，所以根本不可能合作。但是我应该怎么做呢？把两个孩子从攀爬架上硬拉下来也不是办法呀。

我决定尝试和他们做个游戏。第一步，我走向孩子，问他们："你们在玩什么？我可以和你们一起玩吗？"他们说在玩"太空人"游戏，允许我扮演宇航员的猫。好吧，所以我是一只猫。按照他们的指令我配合了一小会儿，然后突然大喊："在船尾有流星雨！求助！"孩子们立刻进入游戏："流星雨！天哪！进入安全区域！"然后我们慌乱地跑过沙坑，翻过跷跷板，穿过秋千，但是都没有帮助！然后我想出一个救援方案："所有人都到逃生舱去，所有人都到逃生舱去！"我用汽车遥控器打开萨博900（我的小汽车）的危险报警闪光灯，一直亮着信号灯的黑色小汽车看起来真的像是一架在等待起飞的滑翔器。"是，到逃生舱里！"孩子们大喊。我们像疯了一样冲向汽车，拉开车门，用尽最后的力气跳到车里。我喘着气喊道：

"系安全带!开始启动程序!五——四——三——二——一——" 我启动了发动机:"大家都系好安全带了吗?" "是!赶快!陨石来了!"孩子们喊着,匆忙扣好安全带。"……零!现在出发!" 我启动了汽车,冲出了停车场。在车上我分发了"紧急口粮"(苹果),我们一起大笑并庆祝顺利返程,开心地讨论着我们对这场太空灾难事件的掌控能力。整个游戏过程持续了不到十分钟,我可以按时将车交还给爷爷奶奶了。

早晨穿衣

早上穿衣服对于许多孩子来说,也是一件无法理解的、完全多余的成年人风尚。为什么人要穿衣服?到底为什么要出门?对于大一些的孩子,我们可以直接说:"宝贝,还有十分钟,请快点把你的衣服穿上。"

通常我们可以用让他们自己选择的方式来激励他们穿衣服:"你想要红色的毛衣还是蓝色的?你想穿新裙子还是新衬衫?"但是,尤其是对于四岁以下的特别抵抗穿衣服的小孩子来说,通过玩游戏的方式会让这个过程容易很多。

» 一个建议是玩扮演"死人"的游戏。让孩子躺下,放松自己的所有肌肉,好像已经死了。然后我们再给孩子穿衣服,当然尽量表现得蠢笨一点,但是要提供全方位的服务。对于刚刚起床,或者已经很累的小孩子,这个游戏特别有帮助。可以在给孩子穿衣服时说"你也帮着一起穿"。

» 我们可以玩"首先是我，然后是你"的游戏——孩子可以给我们穿一件衣服，然后我们给孩子穿一件衣服，依此类推。

» 我们可以让孩子假装成一匹小马，我们扮演要给小马装备好的骑士，现在我们必须装上马衔和马鞍，等等。

» 我们假设正在铺设一条更衣大道，孩子必须穿过公寓，依次找到他的衣服然后穿好。

当我们以幽默感和想象力来完成日常任务时，

不仅会使这些任务更有趣，孩子们也会更好地参与。

袜子在耳朵上

我非常喜欢尽可能多地说些胡话、废话。因为在我们家，"胡闹穿衣法"总是很有帮助："天哪，我忘记了，袜子该怎么穿呢？等一下……是穿到这里？"这时我和咯咯笑的孩子就已经把袜子放到耳朵上，把内裤放到头上，或者把毛衣穿到大腿上了。我保证，用这种方式穿衣服不会比和孩子争论是否要穿衣服或解释每件衣服该怎么穿所花的时间要长，但这会明显带来更多乐趣。要么我们最后给孩子穿好了衣服，要么气氛放松下来，孩子自己就安静地把衣服穿上了。此外，我们还可以把要穿的衣服减到最少：孩子晚上完全可以穿着第二天要穿出门的内衣和 T 恤衫入睡，这样第二天一早只需要穿上一条裤子，套上一件外套就可以出门了。

但是在蜱虫多的季节① 则要小心，这里的原则一如既往：安全第一。为了检查孩子回家时衣服上是否有蜱虫，必须把所有衣服都换掉。除此之外，睡觉时把衣服全部换掉，或者在白天完全换一套着装，从卫生角度来说，通常不是必须做的，而只是个人的习惯决定的。

我想要

有时候孩子就是想要一些家里刚好没有的东西：特殊形状的饼干、红色的消防车、巧克力口味的麦片……此时即便我们不能也不想满足他们的要求，也要向他们传递我们看到了他们的愿望，并且充分理解他们的信号。通常来说这样做是有帮助的，但是，如果孩子们累了或者饿了，心情不好或者年纪还很小的时候，可能会很快发生明显冲突。做个游戏可以节省很多精力。

在我们举办的"符合天性的养育项目（https://www.artgerecht-projekt.de）"营地中，曾经有一次遇到了这样的状况：孩子们无论如何都要吃小熊糖。但是我们是一个无糖营地。并且此时孩子们已经很饿了，可是当时离吃午饭还有半小时。我们可以和孩子们解释，但是按照我的经验，孩子们不会因为我们建议"吃一块米饼吧"而感到兴奋。这时我想到了一

---

① 德国春夏季蜱虫活跃，人在草丛或者树林里会容易被蜱虫叮咬。被蜱虫叮咬容易引发疾病，所以在蜱虫活跃的季节，家长要尽量给孩子穿长袜，并在孩子回家时检查他们的外衣上是否有蜱虫。——译者注

个主意，小熊糖雨———一个经典的"胡闹游戏"：

"小熊糖……"我非常热情地说，"是的，这真的是个好主意！我也想要一些小熊糖！"这么说的目的是很明确的：我看到了他们的需求。这是一个合理的需求，说出这点很重要，这样孩子们才能重新和我建立沟通。他们喊道："你得去拿一些小熊糖！"我假装晕倒："可是我们营地里没有小熊糖！但是等等……"我把手伸向天空，然后冲着云的方向大声喊道："亲爱的天呀！我们需要小熊糖！请您下一场小熊糖雨吧！"下一秒我装作小熊糖从天而降的样子："啊，小熊糖击中了我的头，击中了腿！啊，它掉得哪里都是，这简直就是枪林弹雨啊！"我蜷缩身体来躲避，我抱怨咒骂，试图去抓住些小熊糖，但是什么都抓不到！孩子们笑得前仰后合。"再来一次，再来一次！"然后所有的成年人都表演起了祈求小熊糖雨，然后在小熊糖噼里啪啦掉落下来时疯狂地躲避、蜷缩、哭诉。孩子们和大人们，都在午餐前的半小时玩得很开心，然后忘记了之前的冲突。

不要有下次

即便是面对小小孩儿，我们也应尽可能用与我们往常习惯不同的做法处理问题。

我和孩子们在玩一个叫作"胡话拼图"的游戏时总是很开心。玩游戏的起因是，我厌倦了一次又一次和他们玩简单的儿童拼图。我没有自找烦恼，把孩子送走或者对他们发火，而是找到了一个新的解决办法。

首先，我故意表现得很蠢。然后在大家都感到乏味的时候我骄傲地说："看，这块拼图一定是放在这里的！"说完故意把蓝色天空的部分放到绿色草坪的区域里。孩子们立刻领悟了，然后继续胡乱地用我们手里有的拼图组合出最荒诞的画。我们为眼前出现的画作起一个可笑的名字，然后一起笑到不行。

游戏工具箱

当我们很困倦或者筋疲力尽时，想出一个有趣的游戏不是一件易事。所以，你可以自己编一个标准家庭游戏单，这样在你很累的时候也可以随时调用里面的游戏。当你想用游戏的方式处理冲突局面时，只需要把手伸到游戏箱里取用就好。

最重要的权力互换游戏

我认为，对许多孩子而言最重要的游戏是权力互换游戏。这个游戏是指，在游戏中让孩子掌握话语权，让他们扮演强者的角色——我们听孩子的话。这个游戏从让孩子决定玩什么开始！阿莱莎·苏尔泰[①] 建议，每周的最低限度是和孩子玩半个小时他们想玩的游戏。有机会的话我们可以和孩子玩枕头大战，父母要动作夸张地倒在地上；或者玩捉人游戏，我们在游戏的时候要不停地假装自己被绊倒，才成了敏捷机智的孩子的猎物。

> 几乎每一个有竞争的游戏
>
> 都可以变得非常有趣。
>
> 我们可以为孩子树立这样的榜样：
>
> 不必总成为最强的，
>
> 才能得到快乐。

[①] 阿莱莎·苏尔泰，瑞士发展心理学家，提出并分析了权力互换游戏对于儿童教育的帮助。——译者注

今天，你们来计划

当我们向孩子介绍每天的时间计划时，他们并不总是很兴奋。但是通常我们也没有办法改变计划——我们必须得去采购，去建材市场或者去探亲访友。或者，我们就是不想第二十次去参观巧克力博物馆，虽然孩子一直想要去。如果在你的家中，业余时间规划是个可以讨论的话题，那么也可以在这里尝试一下权力互换：让孩子来安排一天的活动。如果孩子还很小，我们可以简单地问问他们，今天想要做些什么事，然后由我们成年人来规划、组织。随着孩子的成长，我们应该越来越多地让他们参与到规划中。他们不仅仅要说，想去巧克力博物馆或者去看一部电影，他们还应该独立地（或者在我们的帮助下）查找博物馆开馆时间和交通路线，他们应该负责规划我们在回家的路上是否还要买些零食，适当地安排好"电影之夜"所需要的一切，并且在活动结束以后收拾打扫房间。当然，我们会在孩子需要的时候提供帮助，并且克制自己发表任何评论，例如："这样你就知道，组织一次远足要花多少工夫了吧！"

这样孩子就可以学到：自由（自己做决定）会包含责任（组织安排）；权利也包含义务。

水瓶

成年人比孩子要强大。所以在小的时候能够有一次变强的机会是一件特别美好的事情，这会让孩子放松下来。为此，我的爷爷有一个非常简单的小仪式。

我还记得，小时候我常常把水瓶递给爷爷："爷爷，我拧不开瓶盖！"这时候爷爷会把瓶子拿过去，用尽全身的力量拧瓶盖，然后递回给我："孩子，我也打不开，你再试一次。"当然，爷爷已经帮我把瓶盖拧到我自己可以打开的程度了，当我突然打开时，他会佯装震惊地说道："孩子，你可真强壮啊！"然后我们笑作一团。我俩都知道，这只是一个游戏，但我们还是很开心。奶奶也总是装作非常惊讶的样子，我们一起大笑起来。我们都是"共犯"，有共同的语言，我们也很开心。不用说，我觉得爷爷是我认识的所有成年人中最棒的。

锋利的刀

下面这个故事是关于"权力与无力落差"，以及如何解决它的经典案例。

每年夏天我们都会举办家庭露营，父母和孩子会和我们待一周左右的时间，期间会参加"符合天性的养育项目"的讨论课。在营地中我们会遇到以下一些情况：一位母亲从三岁的埃琳娜手中拿走了一把锋利的小刀。虽然母亲向小埃琳娜解释，但是不管怎样，刀都不见了。小埃琳娜既生气又难过，她哭了起来，叫喊着。我走向埃琳娜，然后给了她一把两个连在一起咯咯作响的勺子。当她伸手拿勺子时，我装作用尽全力握住勺子的样子。她拉住勺子，我又装作用尽全力地拽住它，但是最后她还是从我手里"夺走"了勺子。埃琳娜知道我的弱小是装出来的，但是没关系，我们都笑了，也都知道这是个游戏。埃琳娜很喜欢这个游戏，在之后的半小时里不停地来找我，想要给我勺子。我兴奋地抓住勺子，然后使出自己的全部力气想要把勺子从她的小手中拽出来。她经常这么做，直到她自己的无力感被力量感取代了——在这种情况下她感到自己的力量在我之上，然后她轻松愉快地走了。刚才有人战胜了她，现在她战胜了我——这样埃琳娜的世界又恢复了和谐。

在权力互换游戏中，我们将
出于安全考虑必须确立的
泾渭分明的权力落差，
重新恢复了平衡。

糖果日

我们挑选了一天作为专门的糖果日。在一个周六的早晨我向孩子们宣布，我厌倦了天天向他们唠叨吃太多甜食不健康了。然后我大声喊出口号："今天孩子们只有甜食吃！一整天！今天是糖果日！"孩子们欢呼雀跃起来。我把家里能找出来的所有甜食摊在桌子上：巧克力、硬糖、软糖、蛋糕……然后我的小女儿，当时只有四岁，兴高采烈地在早晨七点十分把第一根巧克力棒送到口中，接着她又吃了四根，直到我悄悄地把装着糖果和甜点的大碗移到自己触手可及的地方，以防有孩子因吃多了甜食感到不舒服，但是没有人不舒服。

快十二点半的时候，孩子们问我什么时候吃午餐。我装作愤怒的样子，俨然一位严厉的母亲："你们还没有把那袋小熊糖吃完呢。不要过来问我了，等你们把所有的糖果、甜点吃完，才有别的东西吃。"但他们还是继续恳求："妈妈，我可以吃一块面包吗？""不行！只要家里还有巧克力就不行！""妈妈，我能吃一个苹果吗？""你的蛋糕吃完了吗？没吃完？那就不要过来向我要苹果了！"这是非常荒唐的，我从来没有这样说过话！我们捧腹大笑，前仰后合，孩子们总是手里握满了小熊糖，嘴角涂满了巧克力。傍晚，他们终于受够了。孩子们吃甜食都吃到恶心了，他们恳求吃一点德式酸菜和土豆泥，吃甜食变得不再有趣了，他们想吃一点真正的饭。我当然顺势"屈服"了。在我削土豆皮的时候，他们感激地看着我，然后往嘴里塞了根胡萝卜。

对于孩子们来说，这个故事的寓意是：糖果很棒，但是要适量，不然吃糖果就没有乐趣了。后来，我们会时不时地做这个实验，但是时间间隔越来越长，在这期间，关于到底吃多少甜食合适的讨论明显变少了。

对于所有的"义务"，我们都可以做同样的试验："别系安全带了！要不你把手从安全带上拿开？"（当然，只要还有人没有系安全带，我们就不会出发！）这些权力互换游戏都可以帮助我们缓和日常的状况。

注意！

如果有一些命令是我们不断重复的，那么向孩子们表明这些命令不仅是他们需要遵守的，也是所有人都要遵守的，是很重要的。

当我们搬入新公寓的时候，突然要面对浅色的木地板，所以我决定从那一刻开始，在外面穿的鞋必须留在屋外。当然一开始我总是不停地提醒孩子们："请把鞋子脱掉！"这样可能很快就惹人烦了，但是，当我自己提醒自己不要忘记脱鞋的时候，孩子们都觉得很有趣，越是老一套的说辞，越是严肃的口吻，孩子们就觉得越有趣。"妮可拉！你又穿着鞋子进屋子里了！这是不行的！在新公寓里不可以！快点脱掉，真讨厌！"孩子们看到我这样对自己说话，哄堂大笑起来。我的儿子有一次说："好吧，没有人可以这么严厉地和我的妈妈说话，对吗？"我们笑得更开心了。

> 笑容是人生长河中的救生艇。
>
> 利用起来吧，它总是在你身边。

沙拉只给大人吃

这个故事是这样开始的：我总是不停地要求孩子们吃一点蔬菜，因为吃蔬菜很健康，可是我两岁的孩子和五岁的孩子却全然不为所动。有一天我问自己，到底是谁在这件事情上有错，是坚持自己意见的孩子，还是像念咒语一般不停重复要求却没有人搭理的我？那天，我很生自己的气，把沙拉放到桌子上，然后宣布："今天沙拉只给大人吃。小孩子不能吃！"然后我就转过身去了。令我惊讶的是，我立刻就听到了身后有小孩用牙齿啃胡萝卜的声音。我又转身面对餐桌，装作极其愤怒的样子："你们在那儿干吗呢？沙拉是只给大人吃的！真的，你们现在把胡萝卜吐出来！"孩子们笑成一团，接着把黄瓜一片一片地塞到嘴里，幸灾乐祸地看着我吃惊的表情。我们三个都知道这是个游戏，但是三个人都乐在其中。不久之后，孩子们来请求我："妈妈，我们可以再玩'沙拉只给大人吃'的游戏吗？"从那时起，让孩子们吃蔬菜就不再是个难题了。

婴儿游戏

除了互换游戏，另外一个对于维持我们与孩子之间的关系平衡很重要的游戏就是"回归游戏"，我把它叫作"婴儿游戏"：我们像对待婴儿时期的孩子那样对待他们。孩子们总是不停地在乞求："抱着我给我唱首儿歌吧。"特别是当家庭中压力感很强的时候，我们能观察到孩子的这种表现。这个请求可能会让父母感到力不从心。因为通常这时，我们本来就已经在家庭中承受了很大的负担，可能是因为又生了一个宝宝，可能是因为夫妻不睦，在这种时候，还把已经"长大了"的四岁孩子抱在怀里……但是，我们越早、越强烈地满足孩子，他们的这种需要就会越早消失，由压力给孩子们造成的伤口才能越早愈合。

因此，我们最好重视孩子对于回归游戏的请求，并且立刻对此做出回应。这样，孩子才能尽快地再次"长大"。如果我们体验过像关爱婴儿一样慈爱的、被呵护的感觉，很多伤害都可以被治愈——甚至对成年人也是如此。阿莱莎·苏尔泰写道："此外，回归游戏使孩子们更容易迈出走向独立的第一步。事实上，成长的道路是迂回的，他们通常在迈过一些特定的成长里程碑后，才会开始又表现得像个婴儿。"

原始游戏：游戏，而不是竞赛

我们玩的许多游戏都与竞赛有关。在这些游戏中，孩子学会了自我主张。我们赋予这种游戏如此之大的意义，和我们的文化有关。

在某些文化中，

竞赛是完全无关紧要的，

因为他们依靠合作来生存。

一些游戏（比如德国十字游戏①）是一种赌博类游戏，这些游戏可以教会我们接受无法改变的事情，因为骰子掷出的数字是随机的。在日常生活里，我们不像在游戏中这样受制于某样东西或者某种规则，所以我们会

———————

① 约 1907 年或 1908 年德国人约瑟夫·弗雷德里希·施密特（Josef Friedrich Schmidt）推出的游戏，与中国的飞行棋相似。——译者注

有很大的控制需求。这类游戏会帮助我们练习忍受挫折的能力。

美国心理学家和研究员弗雷德·唐纳森曾研究了儿童、狼和鲸鱼的游戏。虽然他设计"原始游戏"的方法没有科学根据,也受到了一些质疑,但是,在这里还是应该提到它,因为它提供了一种与我们所熟知的力量比拼游戏和挠痒痒游戏不同的替代方法。

"原始游戏"的规则很简单:禁止拳打脚踢,禁止互相伤害。我们从地面上开始,像动物一样用四肢向前移动,然后去触摸,推动,爬到彼此身上,佯攻,逃跑,仰面大笑。这个游戏可以让孩子获得体能训练,但不使用攻击性的对抗,只是感受彼此的力量,而且没有必要在乎输赢。这个游戏就像所有解决冲突的游戏那样,孩子可以撞向大人,在大人身上乱爬,但也能蜷缩起来,从大人那里获得温柔的回应。

唐纳森认为,人们用这种方式玩游戏会感到治愈,虽然还没有人证实过这个观点。但是有没有论证过其实也无关紧要,因为有一件事是可以肯定的:这个游戏很有趣,而且是挠痒痒、枕头大战和赛跑之类游戏的不错替代选择。

这也符合德国行为生物学家伯恩哈德·哈森斯坦在其《儿童行为生物学》一书中关于幼年动物游戏的论述:"游戏减少了攻击和战斗行为,以避免游戏伙伴之间的互相伤害。"他认为,对立者的反应是游戏的重要组成部分(对幼年动物和人类儿童而言),并且这个游戏可以随时转变方向——从追逐者到被追逐者,从爬行到翻跟头。

行为背后的需求

当我们与孩子发生冲突时，矛盾背后往往隐藏着需求或者利益冲突。首先，经常自我反思是有帮助的：在这种表现背后有什么需求？孩子们为什么不吃蔬菜？为什么不穿鞋？为什么吵架？为什么就是拒绝和我们一起出门？从"符合天性的养育项目"中我得出结论，孩子的本意是不想激怒我们的。问题是他们想要什么？为什么他们将自己的东西扔在地板上并且朝我们大喊，而不是直接说出他们需要什么？

第一步我们应该明白，我们常常向孩子提出多少要求。作为成年人，我们觉得自己真正想要的东西有多难说出口呢？通常情况下，我们想要的东西，并不是我们需要的。

» 我们想要喝咖啡，但其实我们需要睡眠。

» 我们想要吃糖，但其实我们是缺乏身体接触。

» 我们想要工作，但实际上我们只是不想一起讨论不愉快的话题。

孩子们也是一样的。唯一的不同是，我们期望他们必须明白自己想要什么，是累了、饿了、缺爱了，还是精力过于旺盛了。但他们是不会自己分析的，搞清楚他们想要什么是我们的工作。这样下一步，我们就可以找到解决冲突的办法：交谈、划清明确的界限或者用游戏缓解局势。

练 习

正确游戏

回答如何"正确地"玩游戏这个问题，我们不需要任何专家。我们可以直接问问孩子，他们可是非常清楚的！你可以回忆一下小时候你喜欢和哪些大人一起玩？又是为什么呢？你可以简短地将其写下来。那就是孩子们感觉很好的游戏！

用游戏解决矛盾

如果我们想把冲突游戏化，或者甚至想通过游戏缓解、解决冲突，那我们必须回忆起来自己小时候玩游戏的感觉。我们小时候喜欢玩什么游戏？输掉游戏是什么感觉？怎么能赢得游戏？我们喜欢和哪些成年人一起玩，为什么？不喜欢和哪些成年人玩，又是为什么？

当我在家庭露营或者研讨会上向父母们提出这个问题时，得到的回答总是一样的：谁也不想和喜欢炫耀自己更聪明、更强壮、更快、更优秀的成年人一起玩。我们都喜欢和有时也让我们获胜的成年人玩。当然，我们知道在枕头大战中不能真正地击倒爸爸，但是当他夸张地倒向地面时，仍然很有趣。当我们输掉比赛时，都会或多或少地生气，但当我们赢了时，都会感到高兴。

用游戏取代争吵

在与孩子玩耍时，或者想用游戏的方式解决冲突时，我们把自己的这些经历牢牢地记在脑海里，或者更好地，牢牢地记在心里，这是非常重要的。因此，在与孩子们玩耍时，我们应遵守一些规则：

  » 我们绝不能拿孩子开玩笑或者取笑他们。

  » 我们永远不应该死板地坚持规则。

  » 我们应该对孩子的奇思妙想说"是"，但是也要诚恳地回应他们胡闹荒谬的主意。

  » 我们应该学会放手，让孩子获得赢的体验。

  » 我们应该做合格的失败者，但要保持真实。

如果我们坚持"浪费时间是为了赢得时间"这个准则，会得到很多收获。以为发牢骚或者指责孩子可以让他们更快"安分守己"纯粹是个臆想。我们用责骂结束争执，然后又不得不让一个哭泣不止的孩子平静下来——实际上什么也得不到。做个小游戏可能会更有意义，局面也会放松下来。

但是无论如何请你记住：用游戏解决问题没有专利妙方。一些游戏适合某些孩子，并且作用明显，却不适用于其他孩子。而且，与其复制其他家庭的游戏，不如找出哪些游戏适合你自己的家庭。

总结

» 孩子不是为了惹怒我们才屏蔽自己，而是因为他们有时候也想做决定，或者是因为他们不理解规则，不理解我们到底想向他们要什么。

» 权力的斗争和进退维谷的局面有时很难用语言解决，这个时候玩个游戏会有意想不到的效果。

» 孩子们经常会感到无能为力，因为都是我们大人在做决定。权力互换游戏可以缓解这种紧张局势。

» 我们必须确保用心玩游戏，并且有时候要故意"放水"和孩子打个平手，否则游戏就没有意思了。

» 像吃饭或者刷牙这种经典的矛盾场景，如果我们事先想好了一两个游戏，最好用游戏的方式来解决。

» "现在也要玩吗？"孩子想要玩耍的要求在我们看来常常是额外的压力，但是比起争吵，游戏显然花费的时间更少，而且明显更让人感到愉悦。

» 并非每个孩子对每个游戏都一样感兴趣。我们必须多做尝试。

"不要自由放任！"

我们该如何贯彻规则

孩子们不可能决定一切，当然他们也不必决定一切。孩子们并不想说了算，他们只是想发表意见，并且弄明白他们为什么应该帮忙做家务，应该整理自己的房间，或者为什么在吃饭时要举止得体。因此，让我们看一下如何能够让我们的孩子合作。

家长决定什么，孩子决定什么

原则上说，我们可以让孩子参与所有影响到他们的决定。即使孩子不能做主要决定，也不能独自做决定，但是我们应该始终听取他们的意见并征求他们的想法。

关于父母应该独自决定哪些事情这个问题，有一个非常简单的答案：所有与健康和安全有关的事情，最终都必须由具有足够经验和判断力的人来决定，比如说估测卡车离我们还有多远，大概以什么速度驶向我们。孩子们在上小学之前还无法对这些事情进行估计。

饮食是健康的一部分。所以在这个方面当然由父母来决定采购哪些食物以及家庭的基本饮食方式。孩子愿意吃多少则是他们自己的决定，必须把决定权留给他们。

安全问题包括怎样过马路，在车上系好安全带，如何处理火灾和危险物品等问题，当然还有孩子晚上是否可以出门，以及出去多久这类决定。

说“是”的大脑

关于与孩子的交流，是有科学的基本原则的。除了平等交流的所有概念之外，科学家还可以非常实用主义地研究孩子的大脑，观察那里在发生些什么，哪些部分运转良好，哪些没有。

其中最重要的一条关于交流的基本原则我们在前文中已经说过：孩子的大脑必须处于"是"的模式。一旦孩子感到被拒绝、被打败或被施加压力，他们就无法理解或学习任何东西。我们应该清楚地认识到，作为父母我们可以有不同的目标。如果我们的目标是培养一个顺从的孩子，那么比起鼓励孩子独立思考和独立行动（这也是本书的目标），就要采取不同策略。

马上我们就会讲到：养育顺从的孩子绝对不比养育独立思考的孩子"简单"。研究表明，可以发表自己的意见并且经常被征求意见的孩子，在生活中会明显轻松很多。

让我们来看看，我们到底该怎样明智地向孩子提要求。

孩子的大脑能做什么，不能做什么

作为父母，我们每天都应该意识到，孩子的大脑还在非常蓬勃的发育过程中——人在二十出头的时候，脑部才能完全成熟。

当孩子在一两岁，或者刚刚三岁的时候，对于打人会伤害到别人还没有概念。他们也还不能设身处地地为别人着想，比如说，去理解别人不是故意做某些事情的。这些概念需要我们慢慢地教给他们。我们和孩子讲清楚："看，当丽萨看起来这个样子，那么她就是很难过。当你打她了，她会觉得很痛。""看，虽然他把你的积木撞倒了，但他只是想从旁边走过去，不是故意撞你的玩具的。"此外，研究还表明，比起小男孩，父母更愿意和小女孩谈论感受。但是实际上，男孩女孩都一样地需要这项练习！

> 我们越多和孩子谈论感受，
>
> 越多地与他们谈论别人在想些什么，
>
> 他们就能越早学会，
>
> 如何设身处地地理解别人。

为了能够学会真正体谅别人的想法，在孩子上小学之前，都需要我们大人的指导。只有到六七岁他们才能理解，别人的动机可能与他们自己的完全不同。只有那个时候，他们才能学会把道德规则（不要打别人）和自己的冲动（想要打别人）联系到一起，然后知道如何采取行动（克制自己，先询问一下情况）。

能够抑制强烈冲动是我们人类大脑的杰出能力，但需要长期的训练。当孩子的身体状况良好，睡眠充足并且感觉放松时，大概在六到八岁就可以很好地掌握这项本领。但是如果孩子的理智和道德感能让他即使在压力环境中也可以按照他的文化价值观对应行事（例如，不要扔东西，不要大声喊叫，不要在角落里烧什么东西），可能还需要几年时间。在青春期结束时，青少年应该能够做到通过内部过程（呼吸、平静自己）来应对压力。

对于学习抽象的文化概念，比如，整理东西、明智地安排工作、在排队时耐心地等待，我们成年人也一直不断在学习这些技能，孩子们需要的时间更长。

我们可以通过解释、和他们一起练习，以及演示，帮助孩子学习这些技能。

在所有事情中，有一件格外重要：

我们必须注意，孩子什么时候能够听进去我们说的话，

什么时候不能。

把握恰当的时机

当孩子想和忙碌中的我说话时，我常常会说："哦，我现在刚好没空，我正在工作，但是也想专注地听你说话。我们可以五分钟以后，等我把这个想法写完之后再讨论吗？"

当然，孩子也可以向我们提出同样的要求。在一个无论如何也想拼完乐高玩具的孩子，不想在朋友面前显得愚蠢的孩子，哭泣的、愤怒的孩子，或者在因为一些原因不知所措的孩子面前发表长篇大论是完全没有意义的。

因此，当我们想与孩子交谈时，应该把握恰当的时机：

» 我们问一问，在匆忙的时候，孩子是否有时间听我们说话。

» 把详细冗长的对话推迟，直到孩子游戏结束，或者我们可以和孩子商量，五分钟后暂停游戏休息一下。

» 当我们和孩子有眼神交流，并且确定孩子的注意力确实和我们在一起时，再开始谈话。

» 避免在外人面前斥责孩子，尤其是在他们的朋友面前。

» 立刻制止危险行为，然后找一个安静的时间再讨论。

» 我们一定要等待愤怒的或者不高兴的孩子冷静下来，再和他们沟通，解释我们对他们有怎样的期待以及有这些期待的原因。只有这样，我们才有机会一起找到解决方案。

与孩子视线对齐

为了尽可能有效地传达我们的规定，在任何有可能的时候，我们都要尽量站在孩子的角度，视线平齐地与他们相处。对待年龄更小一点的孩子我们要用非常务实的方式：我们蹲下来或是和他们一起坐在地板上。对于大一点的孩子，则更多是形象地来说：避免羞辱孩子，不要高高在上地教训他们。我们对待孩子们的态度，要像对待值得受到尊重和尊敬的人那样。只有这样，无论是小小孩儿还是大小孩儿，我们才能有效率地和他们沟通，并且明确地说明和执行规则。

用受欢迎的方式传达规定

"我已经和你说过一千遍了……"当我们用这种语气不断重复规则时，就算孩子立刻捂住耳朵不想继续听，也没什么可惊讶的。那我们该怎么办呢？这里有一些建议：

» **不要用指责的语气说** "你怎么又像个懒汉似的"，而是告诉他们我们看到的："你昨天晚上把衣服扔得到处都是。"如果孩子没有反应，我们可以补充说明自己的希望："我希望等会儿客人来的时候，这个地方看起来是整洁的，你可以把你的东西收起来吗？"

» **不要大喊** "我到底为什么要给你买……"，而是要告诉孩子们他们的行为所带来的后果："如果你把棋盘留在阳台上，今晚的雨水可能会把它浸透——那多可惜啊。"

» **不要愤怒地说** "不要在超市里跑来跑去的，现在就给我停下来"，而是给孩子提供一个替代选择："你可以去帮我挑五个柠檬过来吗？"

» **不要抱怨** "你从来不帮我……"，而是告诉孩子怎样帮助我们："如果你现在拿四个盘子和四个杯子摆在桌子上，我们就可以早点开始吃饭，那你就帮了我的大忙啦。"

» **不要惊呼**"别弄乱了"，而是说出我们想要什么和不想要什么："我希望你吃东西时用盘子接着，这样酱汁就不会掉在裤子上了。"

» **不要指手画脚**"你现在给我把裤子穿上，就这样！"而是给我们的孩子一个选择："你不能不穿裤子出门。你想穿什么颜色的裤子呢？蓝色的，还是红色的？"

» **不要发火**，然后咆哮"够了！"而是在适当的时候划清界限："我觉得你们太吵了，让我没有办法专心开车。"然后，我们把车停到路边，或者从车上下来，找出孩子的需求，以便我们能够平静地继续行程。

说出自己的需求

最重要的基本前提是：父母应该告诉孩子们自己的感受，而不是说一些普遍的规则，比如，应该告诉孩子"我觉得太吵了"而不是"你不应该这样吵闹"。

当然，我们必须时常提醒孩子一些规则或者需求："孩子们，不要把玩具放到桌面上，这是一条我们已经商量过的规则，这对我来说很重要。"比起抽象的规则手册，如果某个需求是身边某个人切实提出并希望的，孩子们会更容易倾听。

从"人"到"我"和"你"

"没有人用手吃饭！"这是一种暗示，在这种暗示下孩子们几乎没法开始做任何事情。所以我们最好说："我不想让你用手吃饭，我不喜欢这样。"或者："我不希望你用手吃饭，因为之后你很快就会用裤子擦手。"无论我们的动机是什么，都不要隐藏在一个假定客观的人背后。换而言之，我们要说："我不希望你这么做。"这样，我们就清楚地表达了自己的立场。当然，也要允许孩子这么做！你应该在之后的生活中明确地说出，你真的想要什么，不想要什么。

"你需要什么"

对于经常遇到的冲突话题，比如说让孩子帮忙做家务或者写家庭作业，如果我们询问孩子："你需要些什么，才能……"也许会有帮助。对于家庭作业这个话题："你需要些什么，才能马上开始写你的家庭作业呢？"通常得到的答案是：孩子饿了或者累了，他们可能理解不了或者根本不知道自己该怎么做（或者为什么该这么做）。如果我们现在帮助他们，那么问题在十分钟内就能解决了。

我们想要什么而不想要什么

此外，我们还应该向孩子清楚地表明我们想要什么。"我想走"或者"朱莉娅，我们现在就走，好吗？"都是不清楚的说法。当我想出发的时候我会简单明了地说"我现在就出发"，或者更清楚一些："我们现在回家。"
我不会说："我想要……""我希望……""我可以……吗？"而是直
截了当地说："我要……"有时候我不想做什么事情，如果我说"不，
我现在不能继续讲故事了"，那么我们就会陷入无止境的关于"我为什
么不能"的讨论中。相反，如果我直接明确地说"我不想再读一个故事
了，因为现在我太累了"，那么情况就很清晰了。孩子们对于这种真诚的、
真实的表达会有明显更好的反应。

当"不"不在选择范围内时，就不要问

当我问"莱雅，我们现在回家，好吗？"，是把我们现在是
否回家的决定权交给了孩子。因此，如果"不"不在选择范围内，
我们最好就别问这个问题。如果我真的想要走，或者必须出发，
那么就不要让孩子来决定。而是应该说："莱雅，我们五分钟后
出发，我现在通知你一下。"然后五分钟后说："我们现在出发。"

代替"不 / 是"的冲突："我听到你说的了！"

通常我们要求孩子做什么，孩子只是回答："不！我不想！"然后我
们说："去，就是要这样！"然后孩子再重复："不！"接着我们再强调：
"去！"在很短的时间内，事态就恶化了。

因此，聪明的做法是，只否定一次就可以了。如果孩子说，他还是想留在那里，想买巧克力棒或者想看电影，我们不要拒绝孩子两次。信息已经传达到孩子那里了。相反，我们可以说："是的，我听到你说的了。"如果我们心情不错，甚至可以对孩子表示同情："是的，我听到了，你还想继续玩，你们刚才那场游戏玩得真不错。我能想象你有多开心。"接着我们继续表达我们的想法："我去把你的外套拿过来，在我回来之前你都可以在这儿玩。"然后我把外套取回来给他穿上。"但是我想留下来，我们刚开始了这局游戏！"孩子咒骂道。"是的，我看到了。嗯，让我想一想……要不我们去问一问，可不可以把玩具借走？你想帮忙一起问问吗？"

通常情况下，如果我们对孩子妥协迁就，他们会非常乐意配合。只要我们告诉孩子，我们理解他们的感受就足够了。

> 人们根本不想总是规行矩步，
>
> 他们往往只是想
>
> 被理解，被看到。

孩子如何学习帮助父母做家务

父母要求孩子帮忙做家务的时候，常常伴随着争吵。首先，我们要考虑孩子力所能及的范围。因为孩子们通常就算到了上小学的年纪，也很难学会做家务。但是我们可以根据他们的年龄，让他们分担一些小任务。

　　如果我们希望孩子能帮忙做一些家务，那么必须把这项任务的时间和内容非常具体地描述出来。不要简单地说"把桌子收拾干净"，而应该说"请把所有盘子和玻璃杯放到洗碗机中，把没吃完的食物放到冰箱里去"。直到孩子可以理解，收拾好的桌子意味着，下一步可以拿抹布把桌子擦干净了。这种意识需要花很长时间，通过练习来培养。

　　另外一个要点是不要让孩子去做没有人愿意做的任务（比如去楼下倒垃圾），而是应该分配一些能给他们带来乐趣的工作。比如，很多孩子喜欢拿着喷雾清洁剂打扫浴室的水槽。也请接受一个事实：孩子们做的家务一定不会像你自己做的那么完美。

简简单单地享受

你和孩子一起做家务的过程和感受。

打扫卫生？多么可怕！

　　此外，如果我们期待孩子们在做家务的时候感到愉快和自在，那么我们自己也要如此表现，这样当然是有帮助的。如果我们在打扫卫生的两小时里心情一直很差，那么孩子当然也不会在这项工作中找到任何乐趣。在做家务的时候也是，我们做什么，孩子才会做什么，而不是我们说什么，孩子就做什么。如果你还是觉得打扫卫生简直太烦了，那么就专注于结果吧："我觉得搞卫生简直太烦了，但是我喜欢家里干干净净的！所以，让我们开始打扫吧！"

分三步打扫房间

"清扫之后这里必须保持整洁，否则我就把你的东西都丢到垃圾箱里！"这种责骂真的毫无意义，而且搞不好还会造成伤害。通过自我管理的方法我们可以把事情处理得更好。这意味着：你可以把工作分割成清晰的、简单的、时间上有限制的一系列小任务。

所以我会说："我希望我们可以现在开始，花十五分钟来打扫这个房间，不需要更长时间。但是在十五分钟内我们可以做完很多事情。你们也一起加入，好吗？"然后我们分三个步骤打扫。步骤一：把所有图书放到架子上；步骤二：把所有衣服都放进洗衣篮、衣橱或背包中；步骤三：把所有的垃圾都放到垃圾袋或者垃圾箱里。

这样，最混乱的地方基本上清理干净了，并且这个过程非常迅速。孩子们也学到了一个简单有效的打扫步骤，而且不会有任何争吵。

每个孩子听到的都不同

我们希望孩子们听我们的话，但是该怎么做呢？其实很容易：缺少注意力是不行的。因为众所周知，养育孩子这件事情没有什么万能灵药。

孩子们有不同的性格，所以我们应该始终牢记：在听我们讲话时，每个孩子接收到的内容、理解的程度都是不同的。下面罗列了一些"聆听"的重要类别，以及我们该怎么和孩子说话：

» 有些孩子容易从关系层面去接触："如果你可以……就真的是帮了我的大忙了。"

» 其他一些孩子需要事实信息："还需要把这三个盘子放到洗碗机里。"

» 有些孩子（注意，不是所有孩子！）想要参与所有的事情，并且想要共同决定："你想要在我打扫房间的时候清理盘子吗？还是你想打扫房间？"

» 还有一些孩子，当我们在和谐层面和他们沟通时，反应最好："来吧，我们先一起打扫，然后再舒舒服服地在厨房里喝杯茶。"

观察你的孩子，然后尝试一下他们最乐意接受哪种层面上的沟通方式。但是要注意，随着孩子的成长，他们乐意接受的方式也可能变化：一个和谐派的小孩如果刚好正在经历界限划分时期，那么可能有一段时间只想接受陈述客观事实的说话方式，这是完全没问题的。

如果我们可以做到以这种方式理解、靠近我们的孩子，那么许多问题都会迎刃而解了。

日常生活中的平静——"这是可能发生的"

在二十世纪九十年代的育儿指南中，就对如何在家庭中设立规定提供了非常先进务实的指导。其中的基本准则有：

细心——注意观察孩子的面部表情；

无条件的爱——在孩子哭泣时安慰他；

小心地沟通——说话要轻声细语。

在这三个基础之上我们可以构建其他的一切。相反，如果我们做不到这三点，比如说，我们没有注意到孩子刚才感觉很糟糕（因为我们没有留心关注他们），在他们难受或者绝望的时候把他们独自一人留在房间（不去安慰他们，反而加以指责），或者我们对孩子大喊大叫（而不是轻声细语，友善地说话），那么其他一切都是徒劳的。

在令人不快的时候保持冷静

有些事情是孩子不应该做的。孩子在三岁以后就可以部分地理解这一点，但是当然，他们不会总是按照我们期待的方式去做。所有研究人员在这一点上意见都是统一的：我们应该保持冷静，尤其是在面对小的不愉快时。经常过度反应的父母可能会导致孩子受到过量刺激。

因此，如果孩子碰翻了水杯，或者把背包丢了，我们首先应该非常冷静地说："这是非常有可能发生的事情。"然后再提供给孩子另一种选择："把水擦干净吧。""我们明天去体育馆找找看。"

这个说法充满善意同时又非常实用。"可能发生"意味着我们彼此都知道不应该碰翻水杯。如果是出于疏忽不小心搞砸了，那就是无关紧要的；如果是故意这样做的——那么好吧，我们都有不理智的时候，我不会因此认为你是个坏孩子。最重要的是，我相信你，你不会想一直都这样做事。

这是非常重要的手段。有时候父母会暗自思忖："天啊，这个孩子以后会变成什么样啊！"孩子当然会长大的，而这些规范应该由父母传递给孩子。

我有一个好孩子

从研究中我们得知，关于上面说的最后一部分，家长对孩子善良本质的信任，可能会给孩子的成长带来巨大影响。如果孩子们觉察到，父母对他们的态度是从"一切都会好起来的，你是个好孩子"这个信条出发的，那么他们会养成一种与那些一直被父母担心的孩子完全不同的自我形象。与相信孩子的父母相反，担心孩子的父母可能觉得"这孩子天资不好"。

但是，因为我们做父母的总是倾向于去担心，我就特别希望我所有的朋友都能像朱莉娅·迪伯恩（我的一个好朋友）那样，每次来我家都会大声吆喝："你的孩子可真是太招人喜欢了！"每次她说这句话的时候，都会让我重新审视身边两个可爱的小家伙（虽然他们有时候会把我逼到发狂——当然这也很正常）。

宽容 —— 不仅仅是对孩子

"这是有可能发生的"这句充满善意的话不仅仅适用于孩子，当然也适用于我们自己。就算是成年人，也会偶尔做一些不理智的事情，如果有人对我们说"没事，这也是有可能发生的"，我们也会感到释怀和愉快。

对危险或不良行为的反应

如果孩子做一些会给他们造成生命危险的事情，我们就必须立刻制止他们——但尽可能用冷静的态度、明确的方式。我们要果断应对各种危险情况：把孩子从窗台上抱下来，关掉炉灶，把车钥匙从孩子手里拿过来。在马路上乱跑也是绝对不允许的。但是，我们不要对孩子的行为大惊小怪，否则，我们反而会加强这种行为。对于一个三岁的孩子，如果每次在马路上跑来跑去都会让大人完全抓狂，那有什么能比这件事情更让他兴奋的呢？

但是我们也不要忽略那些不合适的行为。我们说"停下来"，然后简单地解释为什么这种或那种行为不可以。如果再次发生这种情况，只要不是涉及危险的行为，我们都可以说："这也是有可能发生的。"这样我们就可以清楚地表明:这是不应该发生的,但也不是什么后果严重的罪过。在大多数情况下,孩子的很多行为(比如揪头发、在墙壁上涂鸦等)自然而然地就好转了。

如果孩子表现出一些不得体,但不是有危险性的行为,我们最好给他们留出一些空间:"你当然可以连续十天都穿自己喜欢的毛衣(只要你想这样),你也可以光着身子在家里跑来跑去,你也可以继续用尿不湿……"如果我们首先允许这类事情,然后去想一想造成这类行为的原因,而不是直接禁止孩子这样做,那么我们既给自己又给孩子帮了忙。

鼓励良好的行为

前面我们建议了如何劝阻孩子不合适的行为。那么,如何让孩子做大家认可的事情呢?

(1)示范:我们不要靠说,而要把该怎么做示范给孩子看。当孩子们该过来吃饭时,我们不要在家里一次又一次地大喊。如果他们不过来,我们就去找他们,把他们抱在怀里或者拉着手把他们带到餐桌旁——当然要和他们有目光接触,保持视线平齐,并且要非常友好。如果孩子疯狂地按门铃,那我们就走到门口,一言不发地笑着向他们展示该如何按门铃。当别人给孩子礼物,他们却没有道谢时,我们不要对孩子吼"该说什么呀",这样是在羞辱孩子,而是应该友好地代孩子说"谢谢",然后温柔地抚摸孩子;当孩子足够勇敢的时候,会自己说出"谢谢"的。我们要像这样给孩子做出榜样。榜样的力量通常胜过千言万语。

（2）**等待**：首先，我们等一等，看看孩子是否学会了我们的好习惯——平静地按门铃或者是良好的餐桌礼仪。他们经常会仿效我们的举动，对此，我们只需要一点耐心。我们通常期待孩子在我们演示一次之后，或者最多在第三次之后就可以学会，但是一般来说他们需要更长的时间，所以我们要保持冷静。如果他们完全学不会，我们可以一直陪着他们练习。

（3）**练习**：如果孩子不遵循或者很少依照我们树立的榜样行事，或者我们感觉到需要做一些解释才能让他们更好地理解，那么我们就与孩子一起练习吧。在理想情况下，我们应该郑重地宣布，今天要学习一些新知识，并且提出建议，比如说：要不我们今天就像在国王的宴会厅里那样吃饭吧。那我们需要做些什么呢？有哪些规矩呢？然后和孩子详细讨论，当然也要在他们又用错餐具的时候指出问题。这样，孩子们就可以用友好、轻松的方式学习他们在生活中要用到的知识。

帮助解决困难的提问

当我们在家庭中遇到困难时，应该总是要想到，在这些困难中有我们看不到的一面，也有孩子看不到的一面，当然也存在我们双方都看不到的一面。因此，下面一系列问题可能会帮助你们接近冲突的核心：

怎么了？谁遇到了困难？是孩子还是邻居？会打扰到我们吗？是威胁生命的事情、令人讨厌的事情，还是只是幼稚的事情？

它有多重要？ 我们是否准备好应对冲突，并且努力改变现状？我们自己有明确的立场吗？有必要现在立即解决这个问题吗？有什么比冲突更好的方法？也许今晚可以安静地谈一谈。

如何找到大家都认可的解决方案？ 如何让孩子跟我们一起寻找解决方案？如何培养一个有所准备的、参与度高的，且乐于发表意见的孩子？如何清晰、平等地表达我们的担忧？我们的需求或者我们的立场到底是什么？

讨论内心状态

通常，我们可以帮助孩子认识自己的内心状态，而不是放任他们盲目地向我们宣泄情绪：

"当你想家的时候，肚子这里就会有拉扯感。我想家的时候就会这样，你会有什么感觉呢？"

"昨天你发脾气的时候一定是饿了。今天是不是也一样？"

但是要小心，有时，孩子们对我们的耐心要少于我们对他们的耐心！他们可能不想听我们的要求和解释，最终只是不情愿地咬一口我们强迫他们吃的水果。

改变家庭管理方式

这些话我们不会感到陌生："大家吃完饭后把盘子留在那里就行，我来收拾。""大家把脏衣服放在那里就行，我拿去洗。"但这种情况渐渐让我感到烦恼。

如果我们想改变家庭中一些原则性的事情，那么我们不应该简单地决定或者改变某一件具体的事，而是应该聪明地改变家庭管理方式。

» 首先，我们可以先思考一下，我们想改变哪些事情，但是不要指责或者发火，而是写下来对我们来说什么才是重要的，我们个人的边界在哪里，以及我们期待什么，比如，"如果我们在车里吃东西的话，会让车里变得一团乱。对我来说保持车内清洁是非常重要的，我希望我们能找到另一种解决方法。"

» 接着我们可以向家人解释，现在我们处在一个新旧状态的过渡期："我希望我们能够改变这些事情，我对你们的意见和建议都很感兴趣。"

» 然后，我们必须实践这些提议，来尝试、调整新的方法，并且解决冲突。"不，我们都已经试过了。这样汽车座椅会被弄脏的，我没法这样开车，你们必须先在外面把冰激凌吃完。"

总结

» 大多数情况下，我们可以听听孩子的想法，并且征求他们的建议。我们应该认真地对待他们，这样孩子才会认真地对待我们。但是涉及健康和安全的问题，最终必须由父母决定。

» 儿童需要处于"是"的模式，这样他们才能听进去我们说的话。

» 孩子在学龄之前还不能有效地压抑冲动，即便他们明白该怎么做。

» 如果我们希望孩子听我们的话，那么应该找一个安静的场合，全神贯注而且平等地与他们交谈。

» 我们表达规定的方式会造成很大不同，最好用有人情味的、真诚的态度，并且为孩子考虑。

» 如果没有给孩子说"不"的机会，就不要提出问题。

» 有时我们要避免讨论，并通过说"是的，我听到你说的话了"来表达我们感同身受。

» 如果任务清晰明确，并且我们树立了好的榜样，那么孩子们会学着帮助我们做家务。

» "这是有可能发生的"能帮助我们在日常生活中保持冷静。

» 孩子通过我们的示范学习规则，耐心等一等，看看孩子会怎么做，并且在需要时陪他们一起练习。

» 如果我们想改变某些东西，那么应该首先改变家庭管理方式——不要独裁地做出决定，而是应该和家人一起进行改变。

"我可以做到！"

挑战：21 天不指责孩子

"这些主意很好，但是我该怎么付诸实践呢？"可能当你读到这里的时候，脑海中已经冒出这个问题了。这让我想起我的爷爷，他常说："每天做一点点。日积月累，终会水滴石穿。"所以我们每天前进一点点，并且为取得的每一点成功开心。

开始这么做

为了养成一个习惯或者学习新的举止态度，我们必须在一段时间内非常刻意地练习，直到它成为一种新的习惯。对此学者们争论，养成一个新的习惯需要 21 天，还是 66 天，或者更长的时间——但这都没有关系。我们从 21 天开始。而且，我们尽可能地让这条养成新习惯的道路变得简单、美好。

对材料和装备的建议

开始之前，你应该准备好一些东西，这些东西对你完成计划能够帮上大忙。利用一切可以激发你动力的东西！这项训练应该有趣、美好、让你自我感觉良好，并且在你的日常生活中占据固定位置。

» 买一本好看的笔记本，在上面记录本书的书面练习、清单和冥想内容。

» 为自己整理一个空间，在那里你可以进行正念练习。没有必要为此花费特别的开销，在公寓的一角摆上一个瑜伽垫、一根蜡烛足矣。在你有五分钟可以一个人待着的空闲时间里，可以躺在那里放松身心。

> 买一些便利贴，这样你可以把建议、游戏创意或者提示都贴在家里。

> 买一些印有精美图片和激励人心的口号的明信片。

> 把孩子的照片挂到房间里，最好是在你觉得孩子特别可爱的时候拍摄的照片。这样，即使是在糟糕的日子里，这些照片也能帮助你想起自己的孩子是多么可爱。

> 买一个可以记录习惯的日历，这样你可以每天在"不要抱怨"这一栏里打钩。

> 找一个特别漂亮的杯子，这会提醒你别忘了喝一杯热茶，休息一下。

我们的 21 天目标

我们必须将大的目标拆分成很多小步骤。现在让我们为这项挑战设置更多的小目标吧。这里我们要注意，这些目标虽小，但是需要划分得很细致，以便我们能够做到日常遵守，并且将它们融入我们的生活中。

> 我们为自己找一个减压的新习惯。比如说，在感觉到可能要失去平衡的时候，我们可以拍拍自己的身体，然后把双臂像提线木偶一样向上举起（这个动作有非常放松的效果，请试一试！）或者有意识地呼吸。

> 我们和孩子一起练习至少一种新的沟通技巧，比如，我们更常说"我

听到你说的话了""我看到你了"。

» 我们每天都做一个小的正念练习，哪怕只有二十秒钟。

» 我们应该用简单、概括的文字分别记录下早上、中午和晚上的情况。

» 我们不要试图独自做完所有事情，而是应该有针对性地寻求帮助。

» 我们要告知家人我们的目标。例如，与孩子和伴侣商定一些关键词，让他们在必要时使用这些关键词来提醒我们要坚持自己的计划。

» 如果在习惯养成的过程中我们指责了孩子，那么就要重新开始计算时间。

» 我们与自己签订一份协议：为了连续 21 天不指责孩子，我愿意做所有事情。我会把它当作一项重要工作来认真对待。

» 在计划完成之后我们就开始庆祝。

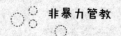

我们该如何设立正确目标

设定了一个 21 天挑战目标之后，为了能够成功完成我们的最终目标和阶段性目标，我们该何时开始，又该如何准确地推进呢？怎样做才是现实的呢？

问题就从这里产生了：我们生活在一个目标不切实际的时代里，很多人想当然地认为，每个妈妈都可以在分娩八周以后就在时装秀上自信展示身材。当然可以，只要努力就行！每个爸爸都可以全职工作，成就一番事业且仍有时间与孩子度过美好时光！是的，在移动工作时代一切皆有可能！我们还可以在社交网络里"晒"出精致餐点，写一些有趣的文字，同时平衡好家庭、孩子和全职工作，而且可以保持微笑，提倡环保并且注意可持续的生活方式。

诚实的答案是：不，不是的。你知道吗？我们不必做所有这些事情。因为"美好时光"的故事只是一个童话而已。

明智的目标

我们必须明白：我们生活在一个新目标层出不穷的世界。但是我们不想一直让自己和家庭不断去适应这种环境，而是应该让环境适应我们和家庭。那么，什么样的目标是明智的？我们该如何确立呢？

按照专家的结论，明智的目标要符合著名的 SMART 标准①。所以，明智的目标是：

» 具体的

» 可衡量的

» （基本上）是可以实现的

» （在我的生活中）是有意义的

此外，我们还应该准备一个时间表，帮助我们完成目标。

很多父母为自己设立了这样的目标：我要成为一个好妈妈！我要做一位出色的爸爸！但这些并不是明智的目标。这个目标只会让你感到羞愧：你只有做到完美，才能达成。"我再也不指责孩子了。"这也是一个要求我们做到完美的目标。但是人并不完美，这样的目标只会让我们感到沮丧。我们的目标必须更加具体，否则是行不通的。那么我们该怎么做呢？

---

①彼得·德鲁克提出的目标评价标准，SMART 是英文单词 Specific（具体的）、Measurable（可衡量的）、Attainable（可实现的）、Relevant（有意义的）、Time-bound（有时限的）的首字母缩写。——译者注

没有指责的整整一年

作家希拉·麦克莱思在她的著作《不发怒的教育》中描述了她如何在整整一年，也就是 365 天的时间里没有指责孩子。这是一个非常具体的目标。同时她也很现实地意识到，自己不可能马上达成这个目标，所以她想出了第二条规则：如果她还是指责孩子了，那么天数就要重新开始计算。是的，她的确重新开始了好几次才最终成功。

我们可以看到，她为自己设定了一个非常具体的计划（365天不指责），这个目标是可以衡量的（计算天数），并且基本上可以实现，因为她为此增加了一条更加切合实际的内容（如果中途没有做到，那就重新开始计算天数）。

365 天，这个门槛很高吗？为了将这个目标坚持到底，希拉想出了各个层面的支持：她找到了可以帮助她的亲朋好友；她开了一个博客，这样就可以公开记录，并且在她软弱的时候得到监督。

就这样开始你的项目

好的目标看起来就是这样具体、可衡量、可实现并且是有意义的。21天不指责就是一个明确的目标。当然你也可以设立 14 天或者 150 天的目标，看看什么样的目标是适合你的。你还可以提出自己的附加规则，并且寻求一些帮助，这都是允许的。

注意：设立有效目标

如果我们把大部分时间花在那些没有什么挑战性的事情上，一天结束的时候仍然会自我感觉不错？当然，这也是可能的！我们的大脑辨别不出这些差异。所以请注意：如果我们设立的是无关紧要的目标（比如只是早上有意识地呼吸两次），这样是没有效率的。的确，我们每天都可以在待办清单上写下我们要做的所有事情（起床、刷牙、做早餐、写邮件……），这样我们晚上会感觉很了不起，因为我们把这些任务都完成、划掉了。但是我们没有走得更远，因为我们用这些平庸的事情来欺骗大脑获得了成就感。当我们每划掉待办清单上的一项，大脑的"奖励中心"就会激活。它不会去区别，划掉的是"倒垃圾"还是"又一天没有指责"。

所以，小心那些无关紧要的事情！我们最好设置一些有挑战性的阶段性目标。当然没有必要一天做五次正念练习，但是可以在这 21 天中做一些本书提到的准备性练习，比如每天早上做一个正念训练，在晚上面对熟悉的状况时采取不同的反应——这些我们是应该能够做到的。我们要在三周内持续这些练习。因为三周，也就是 21 天——这大约是养成一个新习惯需要的最短时间，这样我们才能将这个新习惯纳入我们的习惯系统。

改变在于行动

当我们思考自己想要什么的时候，还有一点很重要：我们不能只是希望它会发生。也许你会问，希望它发生难道不意味着对美好未来的想象（也就是图式的想象），会导致宇宙为我们描绘出这样的未来吗？好吧，这也是正确的：当我们想象，面对一个愤怒的孩子该如何保持冷静时，我们是在训练自己的大脑。这样做很好。但是，下一次在面对实际情况时，我们必须也得这么做。否则从长远看，什么都不会改变。

如果我们把想象付诸实践，那么再遇到之前让我们抓狂的情况，我们就可以保持镇定，而且这样的时刻会越来越多。我们就这样每天离目标更近一些。如果我们只是希望改变，或者只是想象而没有做任何实际行动，那么整个宇宙都无法帮助我们。

我们还希望有效率地做到这一点，毕竟，我们没有无穷无尽的时间。所以，我们不仅仅要期待变化，还要站起来去主动寻找方法，该如何让想象变为现实。我们应该弄清楚，该做些什么，我们可以变成怎样的人，然后再出发，运气将站在我们这一边。

机会偏爱那些有准备的人，

幸福是给那些有准备的人的，

谚语如是说。

找到平衡点

注意，我们不可以对自己要求过低，但是也不能给自己提出过高的要求。这个目标不需要帮助我们实现惊人成就，但也不能挫伤我们的士气——设置在两者中间刚刚好。制定目标，也要灵活地上下调整目标。

我们的阶段性目标

在我们开始"21 天不指责"的计划之前，让我们先设定一些明确的而且具有一点点挑战性的阶段性目标。请回答下列问题：

» 你觉得对你来说，真正有挑战性的目标是什么？坚持 21 天就够了，还是 66 天才有挑战性？

» 每天朝着这个目标应该完成哪些具体的小步骤？

» 你如何衡量成功？

» 目标是可以实现的吗？需要获得哪些帮助？如何获得帮助？

» 目标是否有意义？可以在你的生活中发挥作用吗？

» 你确切的计划是什么？

准备周

好的，现在我们设立了一个大目标——三周不指责。为了实现这个目标，我们需要制定一些小的阶段性目标。对于有些人来说，在我们启动之前，可能花一周时间做准备是很有帮助的。

我们可以在准备周里完成下面这些阶段性目标：首先，我们尝试对孩子在晚上的表现保持冷静，然后再尝试在第二天早晨以及一整天保持冷静。这时，我们可以统计一下，我们到底会多频繁地指责孩子，这样大概就可以做到心中有数了。

此外，我们还应该保持切合实际的态度：年底的忙碌和压力会让大的习惯改变难上加难，甚至是不现实的。因此，我们暂时将目标保留在自己的脑海中，然后在新一年的一月份再开始"计算"时间。

接下来是时候开始了

你准备好了吗？ 21 天不指责？太棒了！现在开始计时吧！在这里，我们仍然需要一些过渡来帮助我们达成目标。比如说，我们可以比往常提前 15 分钟回家，以便调整晚上的安排。再比如，我们可以在晚上准备好第二天的早餐，然后把早晨要穿的衣服找出来，这样就可以缓解每天早晨出发时的紧张。

此外，我们也应该寻求一些帮助，可以找我们的伴侣，也可以是在我们坚持不下去的时候能打电话求助的好朋友。

其他重要的事情最好用白纸黑字记录下来，比如：

» 我们可以创建一个"怒气触发点"清单，记录下来那些在日常生活中通常会让我们心烦意乱的事情，并且和家人们讨论这些会触发我们怒气的点。

» 我们可以在时间表中标注，我们通常在哪些时间段会格外容易批评孩子，然后重新组织面对情况。

» 我们可以选择一种正念练习，并且真的要坚持三周。

» 此外，非常有帮助的是紧急情况备忘录：我可以给谁打电话？哪些练习能够帮助我？为什么我一定要做这些呢？我的动力是什么？

» 然后，我们要让大家都看到我们的目标，例如，把目标写在纸条上，贴在厨房里。为了让小宝宝也能看懂，我们还可以画一些画。

计划是什么样的

你可以照着下面这个步骤列出计划：寻求帮助；重新组织日常生活；评估切实可行的目标；开始执行。重要的是，不要给自己提出过高的要求（比如，"我必须一个人做到"），但也不要蒙混过关（"每天骂一次也是可以的"）。

孩子也可以参与

孩子也可以为我们的 21 天挑战做出很大贡献。他们总是对于参与改变有很高的积极性。比如，我当时只有 8 岁的孩子很快就学会了在我要开始发火时提醒我注意呼吸。他总是在我旁边极其热切地想要帮助我，可爱的模样常常让我们最后一起笑了起来。

因此，给孩子一个帮助你的机会！一起做正念练习，和孩子们商量一句暗号或者在家里贴一个所有人都能看到的便利贴。甚至，也可以让孩子设立一些目标，比如说多多帮助我们，或者变得更加守时。最后商量一下，当你们完成挑战时该如何庆祝。

什么能够帮助我们实现目标

在这 21 天中，我们最好每天都抽一点时间，在笔记本上简单记录一天的情况。一行字足矣，这样做可以帮助我们稳步前进。

如果你有几天忘了记录也没有关系，在中断之后重新开始就好了。不要试图去弥补前两天的笔记，那会给你带来不必要的压力，也容易使你完全放弃，因为你会认为"反正是不可能完成的"。所以，在短暂休息后就继续朝着目标前进吧。

相信过程

如果想要实现目标，我们就必须坚持下去。这意味着，我们必须像发条时钟一样严谨地做练习，坚持我们的计划，观察会有哪些改变。即使有的时候你会质疑："我现在必须做正念训练吗？也许我可以快速洗个澡……"但你还是要坚持练习。这只会持续三个星期而已。当你觉得困难时，告诉自己："只要再过七天，我就可以停下来了。现在我只需要观察发生了什么。"

好消息是：当我们开始改变习惯时，虽然最初一段时间可能会感到困难，但随着我们一天天地推进，改变会越来越容易。仿佛我们的大脑随着时间的流逝变得更加灵活，可以重新开始快速学习。突然，我们以完全不同的眼光看待这个世界，看待自己和我们的孩子——为此，你应该坚信这个改变的过程是值得的。

新比旧好

习惯新的事物比戒掉旧的事物要容易。因此，我们不要试图戒掉指责，也不要试图改掉自己急躁的毛病。更好的做法是学习新的处事方式。

比如说，我们训练自己在压力环境下进行有意识的呼吸，这样在遇到过去我们一定会发火的事情时，我们的大脑就会习惯首先提出问题，然后试图去理解。足够的睡眠或者散步，也会对我们的训练有益。比起从我们的灵魂中夺走什么，让它接受新东西会更容易。因此，我们"送给"自己新的好习惯，并相信那些旧的会自行消失。

动力是好帮手

在某个时候，也许你的大脑会发出阻力，它说："嗯，等等，到底为什么我们又要做神经元之间的新联结，适应新的任务呢？必须是现在吗？"

我们的身体是一个非常有效率的系统。如果我们想引导大脑和精神朝着新的方向发展，就必须给他们动力。做到这一点的最好方法是，我们要始终清楚，如果我们减少指责，能得到些什么。

根据我们的调查，可能有以下不同的动力，比如：

» 更轻松的晚上或者白天

» 与孩子们有更多沟通

» 更多的爱，更少的眼泪

» 在生活的其他领域也有更多自我意识

» 减少与压力有关的抱怨

» 更强大、更有创造力的孩子

» 更牢固的家庭关系

» 新的身体体验

» 更好地控制自己说话或者做事的方式

你可以写一个自己的动力清单，在失去斗志时每天早上阅读一遍。每天都展望一下，如果自己再也不会失去控制，那该会感到多么放松和自信。你的大脑需要这个小小的启动帮助。

小心：消极想法会阻碍你！

如果你感到巨大的阻力如同倾盆大雨而至，那么请清除掉一切扰乱你精神状态的想法。这些想法可能是："我的家人现在都很聒噪而且特别激动！""反正我不可能做到！""果然严厉的教育才是正确的选择！""这必须立刻见效，否则我会马上放弃。"如果你发现这些想法在阻碍你的计划，那么可以把这些阻碍你的想法写下来，比如："反正我不可能做到！"把这句话理解成相反的意思，然后改写成你个人的、具体的并且适用于当下的新的信念。但是要注意，如果你现在理解为"我会做到"，并把它写下来，你的大脑会认为，你想永远停留在"我会……"这个阶段。

所以你可以先写"我做到了"，然后再来修饰这个信念，这样就给了你的大脑一个情感依靠和画面感："我享受宁静的日子，享受沉浸于呼吸的感受，享受倾听我的孩子，享受能够冷静又充满爱意地处理冲突的情况。"

如果你的脑海中有一个想法是"我必须帮助所有人"，并且它完全把你逼到了极限，总是让你绝望抓狂，那么请你把这句话彻底倒转过来："我享受温柔、慈爱又善解人意的界限，它给我带来平衡感。这对我和我的家庭来说都是最好的。"你的大脑会创建一幅新的图像，这样它就会开始学习新的行为方式了。

练 习

五种旧信念和五种新信念

请列出五条在你脑海中盘旋的信念。那些所有可能阻碍你的信念都算在内，比如："我现在控制不了我自己。""我本来就不是那种轻松自在的人。""我们的生活压力太大了，对此我无能为力。"把这些都写下来，但没有必要展示给别人看。

然后按照上面的模式把这些消极的信念都反转过来，用亲切、积极的语气表达你的新信念，它应该立足于当下并与你产生感情联系。每天早晨都仔细读一读这五条新的信念。

小心：错误的内心评估！

此外，我们还应该小心，不要让其他事情冲刷掉我们的动力。消极信念可能会深深根植于我们的内心之中，我们甚至会乐意坚持它，简单来说是因为我们已经习惯这些想法了，或者还因为它给我们带来了别的舒适感。

"我太紧张了！"可能是一种习惯，也可能是一种生存合理性。如果我感到压力，那我还有价值吗？当我有压力时，还可以奖励自己吃巧克力吗？当我神经紧张想要获得一些释放时，是不是就可以对别人发火了？

217

如果我们的内心存有这种意识结构，那我们的头脑会不愿意放弃它——因为我要以什么理由奖励自己呢？什么才能让我变得重要呢？我如何才能摆脱压力呢？

头脑和灵魂的道路是交织在一起的。

当我们意识到，自己在对抗强烈的内在阻力时，

原因可能在于错误的内心评估。

一个故事——给正确的狼喂食

一位老妇人和她的孙女坐在火炉旁边。她心不在焉地看着火苗说："有时候我感觉，有两只狼住在我心里。一只狼象征着黑暗、恐惧、不信任和绝望。另一只狼代表着光明、喜悦、希望、生活乐趣和爱。这两只狼经常互相攻击。"孙女看着她问道："那么奶奶，哪只狼获胜了呢？""那只我给喂食的狼，孩子。"老妇人说，"无论外面的环境如何，在我们的内心中永远可以做出决定——喂养那只正确的狼。"

故事并没有说"就让那只错误的狼饿死吧"。相反，只去想好的事情会带来更多益处。就算那只大恶狼每天得到几块肉也没有关系。我们只是普通人，我们会抱怨、会恐惧、会咒骂、会争吵、会猜疑、会绝望。这就是生活的一部分。但是每天我们都要尽可能地去笑、去爱、去逗乐，不断

重新尝试给光明之狼喂食。

同样，我们在这里也要用温柔的方式：我们不需要理由就可以奖励自己，我们不需要在压力之中也可以划清边界，而且我们很重要，无关其他，只因为我们是很了不起的个体。

如果我们不相信这些，那可以把这些话写在便笺上，然后把它贴在浴室的镜子上——这样可以每天提醒自己。

成功了？那就来庆祝吧！

你坚持了三个星期？虽然你重启了四次计划，但是最终还是完成了，太棒了！当你达成了坚持三周的成就，那就开始庆祝吧！关于庆祝有非常多的可能，这里给你一些启发：

» 你可以准备一杯喜爱的热饮，坐在舒适漂亮的椅子上，身体靠向椅背好好享受一下你的成就。写下那些你觉得值得感谢的事情，感受身体的每条纤维传递出的美妙感觉。放松下来。你真的完成了不可思议的事情。你掌控了自己的生命！

当你完全沉浸在这种感受之中时，

会加强大脑对这条轨迹的记忆——

这是个极好的机会！

» 看着你的孩子。欣赏这些坚强、聪明、出色、讨人喜欢的小家伙。是你创造了他们！是你让他们坚强而自信！为此感谢你自己，欣赏这近在眼前、触手可及的成就！感知爱和感恩，同时为你所取得的成就感到自豪。

» 找一个机会，和那些帮助过你的人分享你的成功。邀请帮了你忙的人、你的伴侣、朋友一起吃晚餐，或者一起吃冰激凌，或者一起在公园野餐。回想一下在这个过程中哪些时候你感到特别困难，在哪里你得到了特别的帮助，以及你对哪些事情感到格外感激。和这些朋友分享，然后一起庆祝！

» 如果之后有可能的话，一起跳舞吧！数千年来人们都会通过唱歌跳舞来庆祝。你不需要舞台，不需要昂贵的礼服，只需要你自己和地板。即使没有人看到——或许刚好是这时候，跳舞吧！

跳舞，让奖赏和幸福的激素
充斥你的身体。
享受它，这是你应得的！

» 呼吸！坐下来，深呼吸，怀着感恩的心，有意识地延长你的呼吸。你完成了重要的事情，让这种感受在你所处的空间蔓延。倾听你的身体，呼吸，把成功的自豪感、感激之情和对新生活的感受融入身体中——这样大脑的重要区域也会连接起来，可能会再次给你带来极大的帮助。

» 做一些让自己感觉良好、放松的事情。可能是去洗一个桑拿浴，享受惬意的按摩，上一节正念冥想课或者买一个瑜伽冥想枕头。也可以独自享受一个安静的傍晚，悠闲地看着落日。

　　» 或者与你亲近的人一同简单地庆祝。做一些对你们而言意味着庆祝的事情。可以是在房间里享受一顿烛光晚餐，一次散步，在巴黎享受一个周末（好吧，这对大多数读者来说并不简单），或者是享受精致摆放的早餐。做你们喜欢的事情，同样也要说一说你的成功之处并沉浸在随之而来的体验中。

让成功变得可见

　　在你完成目标之后，把你的成功记录下来！如果你想给你的大脑更多帮助，那就在漂亮的笔记本上写下最终陈述：

　　在这三个星期中，哪些事情让我感到愉快？哪些对于我来说特别困难？我进一步发展了自己的哪些优势？哪些优势帮助了我？哪些事情能让自己有安全感？我是如何克服阻力的？谁帮助我克服了这些困难？如何帮助我的？

　　如果你在这 21 天中已经写了很多东西，那你现在可以换一本新的笔记本，开始一个新的篇章，然后把旧笔记本保管好——这是你成功的证明。

走向世界！

　　现在，我们花些精力来计划下一次改变。下一步我们可能改变哪些习

221

惯呢？记住：改变的习惯越多，改变就会越容易！

当你成功了，可以找五对父母说一说你的挑战。分享你做出了哪些改变，以及这些改变对你家庭的影响。帮助他人，给别人力量。永远记住：我们可以改变这个世界。一点一点，从一个家庭到另一个家庭，每天完成一步。父母可以改变很多事情，我们在养育明天的成年人。未来掌握在我们手里。让我们开始吧！

永远不要怀疑

一小群人可以改变世界。

事实上，

就是这些人，改变了世界。

——玛格丽特·米德[①]

[①] 玛格丽特·米德，美国人类学家。——译者注